弘法大師空海が歩いた奈良

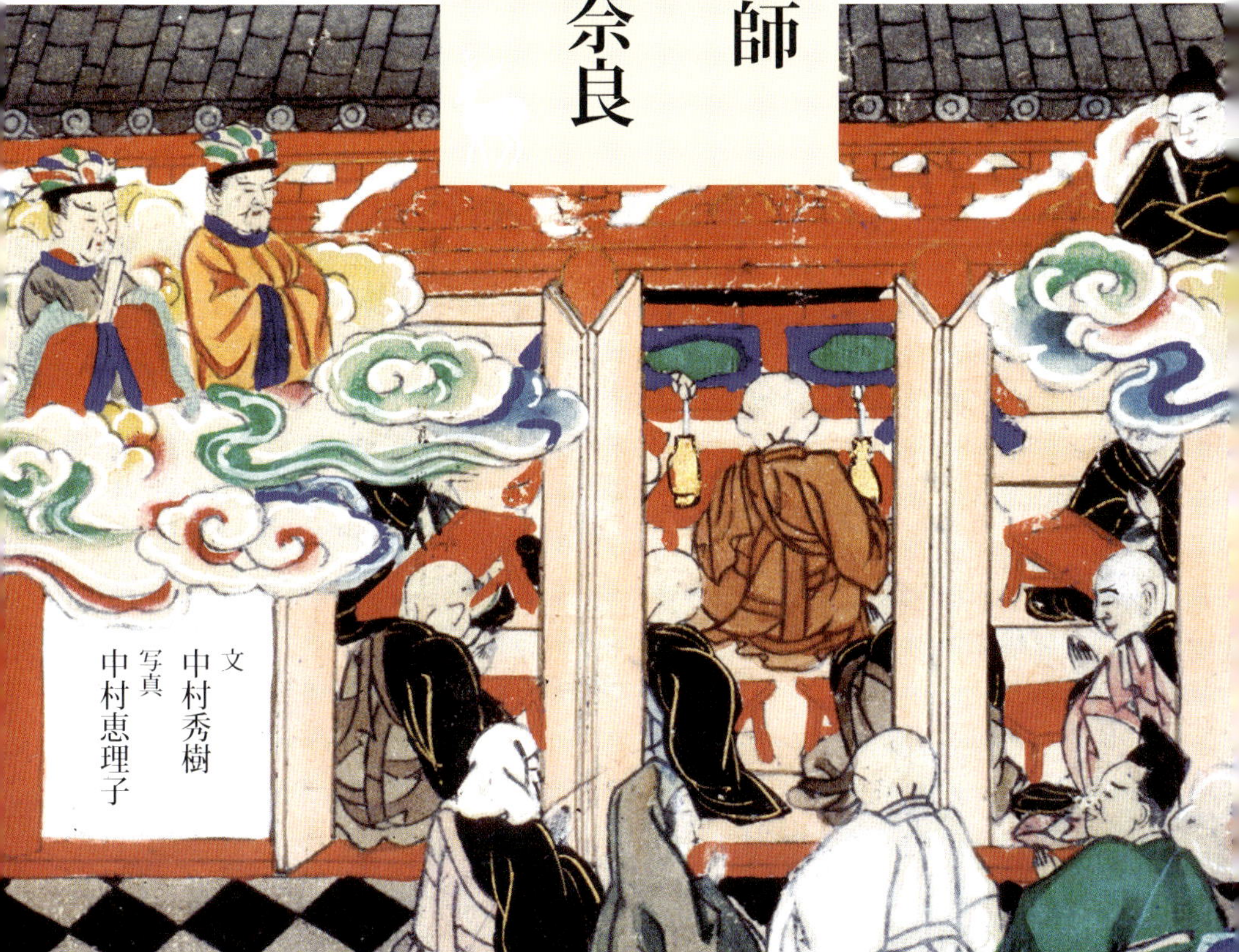

文 中村秀樹
写真 中村恵理子

淡交社

はじめに

密教の正統な後継者として、日本に真言密教を伝えた宗教家・空海。弘法大師信仰は時を超えて語り継がれ、日本人の心に深く根付いている。

唐の知識人たちをも唸《うな》らせる漢詩の達人であり、あらゆる書体を自在に操り三筆のひとりに数えられた能書家であり、流暢《りゅうちょう》な唐語を操り、梵語もわずか三ヶ月でマスターしたとされる語学の天才であり、巨大な溜池「満濃池《まんのういけ》」の治水工事の陣頭指揮を取った技術者であり、多数の優れた著書をのこした思想家であり、庶民も学べる学校「綜芸種智院《しゅげいしゅちいん》」を創設した教育者であり……まさに平安時代の日本に突如として現れた天才である。

そんな空海だが、讃岐《さぬき》に生まれ、京都に東寺を賜り、和歌山に高野山を開くなどの足跡は知られているが、仏都・奈良と結びつく印象は薄いのではないだろうか。

若き日の空海が夢を抱いて上京し、おそらくは失望や挫折を味わい、大寺で経典を読み耽《ふけ》り、身なりすら顧みずに大自然の中で修行に打ち込んだ青年期。その中心となったのは大和だった。十代で畿内へ上ってから、三十一歳で遣唐留学僧として日本を離れるまで、奈良で過ごした時間は決して短くないと考えられる。

さらに、二年余りで唐から帰朝した後も、奈良との関係はより深まっていく。新仏教の旗手と目されながら、わずか三十七歳にして南都仏教の中心となる東大寺の別当《べっとう》（長官）に任ぜられるなど、変わらず友好的な関係を維持した。

本書では、謎の多い空海像に迫るにあたって、信頼が置けるとされる史料のみではなく、明らかに後の時代の伝承と思われる事象も取り上げていく。

この時代の宗教家としては並外れた量の著作をのこした空海だが、公的な文献や記録にはほとんどその存在は伝わっていない。同時代の人物ながら、早くから官僧として高位にあった伝教《でんぎょう》大師・最澄《さいちょう》とは、この点で大きな差がある。

空海が確立した真言宗教団では、教祖の生涯について、後の時代にさまざまな逸話を加えてきた。また、民間信仰としてもお大師さまの逸話が自然発生的に生まれている。すべて史実とは言い切れないまでも、こうした伝承も空海像を構成する大きな要素となっていることは間違いない。また、同じ資料を読み解いていても、研究者からはさまざまな説が提唱されている。そのすべてを網羅することは不可能だが、幅広い視点から空海と奈良との関わりを見ていくこととする。

史実から伝承までをふくめ、奈良に刻まれた空海の足跡をたどることで、若き日の空海の姿がおぼろげながら浮かび上がってくるだろう。

奈良を愉しむ

弘法大師空海が歩いた奈良

目次

Map Ⅰ　奈良市街

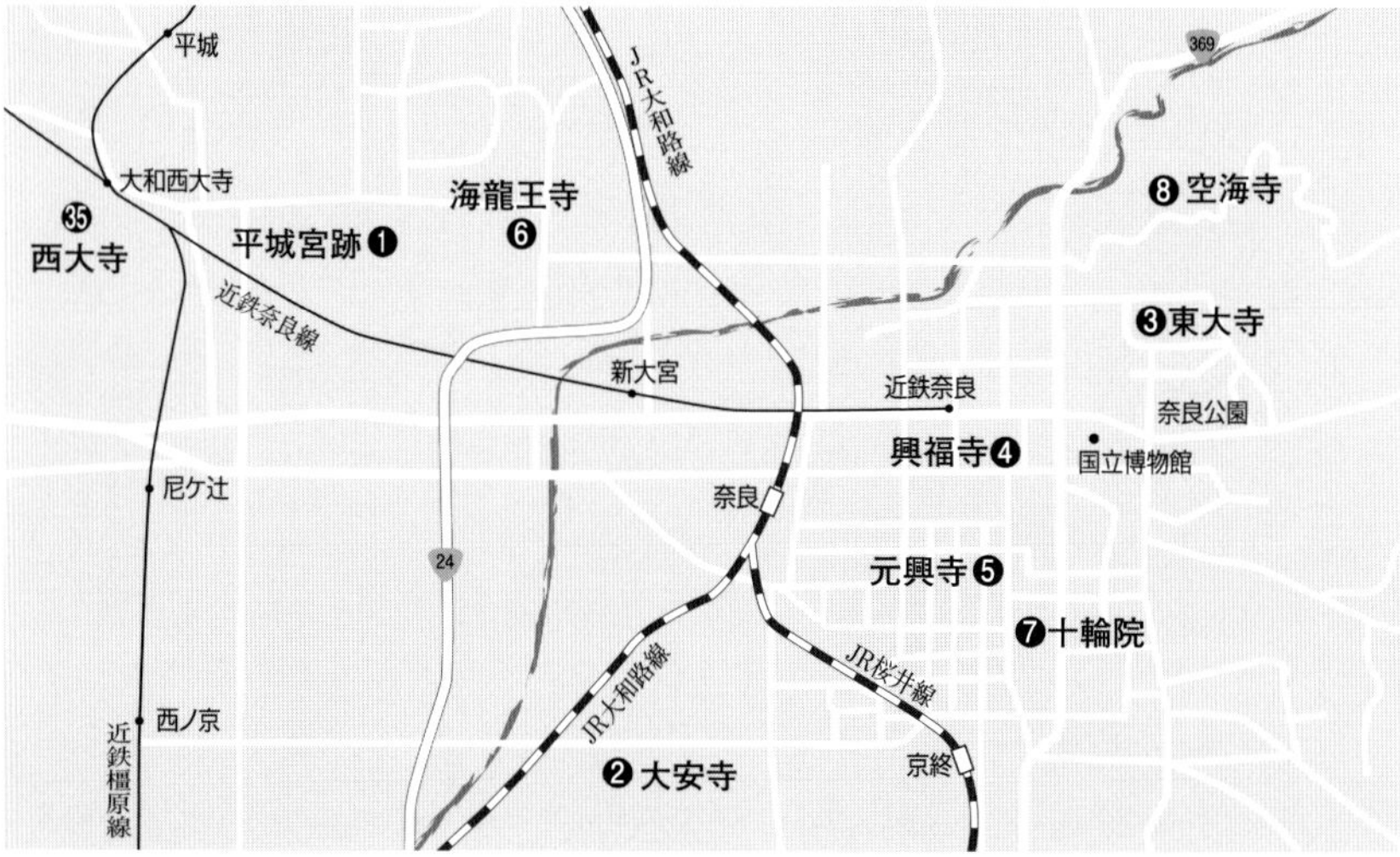

Map Ⅱ　奈良県中部

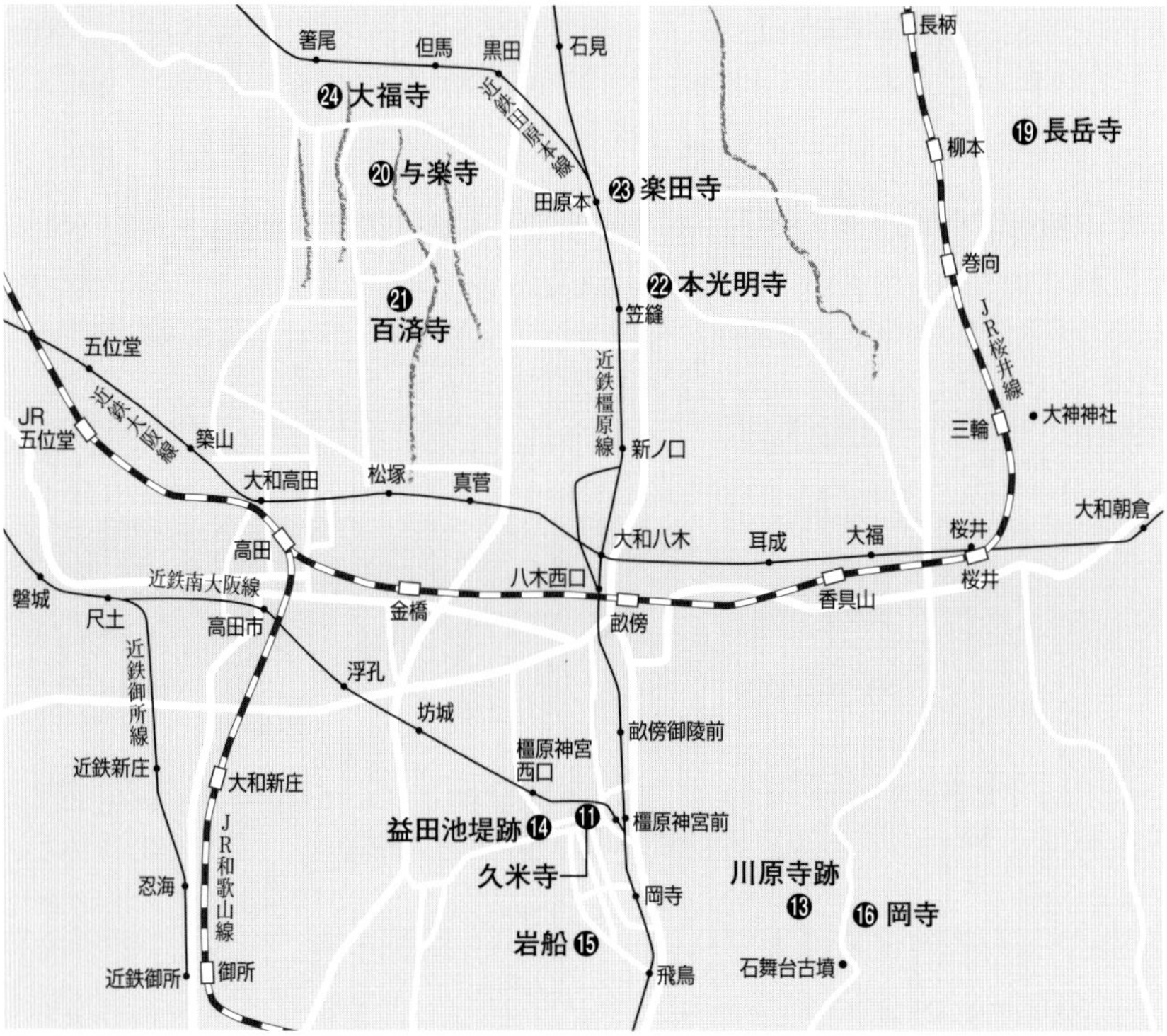

Map Ⅲ　奈良県全域

❶ 平城宮跡（P22－25）

❷ 大安寺（P26－27、86、96－97、99）

❸ 東大寺（P28－31、92）

❹ 興福寺（P32－33）

❺ 元興寺（P34－35）

❻ 海龍王寺（P36－37）

❼ 十輪院（P38－39）

❽ 空海寺（P40）

❾ 弘仁寺（P41）

⓾ 宝山寺（P42－43）

⓫ 久米寺（P46－48）

⓬ 室生寺（P49）

⓭ 川原寺跡（P50－51）

⓮ 益田池堤跡（P52－53）

⓯ 岩船（P54－55）

⓰ 岡寺（P56－57）

⓱ 當麻寺（P58－59）

⓲ 佛隆寺（P60－61）

⓳ 長岳寺（P62－63、98）

⓴ 与楽寺（P66）

㉑ 百済寺（P67）

㉒ 本光明寺（P68－69）

㉓ 楽田寺（P70）

㉔ 大福寺（P71）

㉕ 天河大辨財天社（P74－75）

㉖ 来迎院（P76）

㉗ 野川弁財天（P77）

㉘ 荒神社（P78－79）

㉙ 轉法輪寺（P80－81）

㉚ 常覺寺（P82）

㉛ 生蓮寺（P83）

㉜ 三鈷の松（P84）

㉝ すずかけの道（P85）

㉞ 矢田寺（P89）

㉟ 西大寺（P91）

㊱ 番条地区（P93－95）

本書に記載の情報は、2016年7月時点のデータです。

拝観料については平常時の大人料金を、交通については主な交通機関を記載しています。

なお、拝観時間・拝観料等は特別拝観等の際には、変更となる場合があります。

一、空海と奈良

平城京の大学寮で学問に打ち込む

宝亀五年（七七四）六月十五日、空海は讃岐《さぬき》国に生まれる。生誕地は、善通寺市の善通寺（四国八十八ヶ所霊場の第七十五番）のあたりとも、多度津町の海岸寺（四国別格二十霊場の第十八番）のあたりともいわれている。近年新たに「畿内」で誕生したという説も提唱されており、諸説がある。

空海の父は讃岐の国造で、佐伯直《さえきのあたい》田公善通《たぎみよしみち》といった。白鳳時代には氏寺が建立されており、讃岐佐伯氏はこれを管理する別当家

弘法大師行状絵伝
法樂寺（大阪）蔵

出家受戒

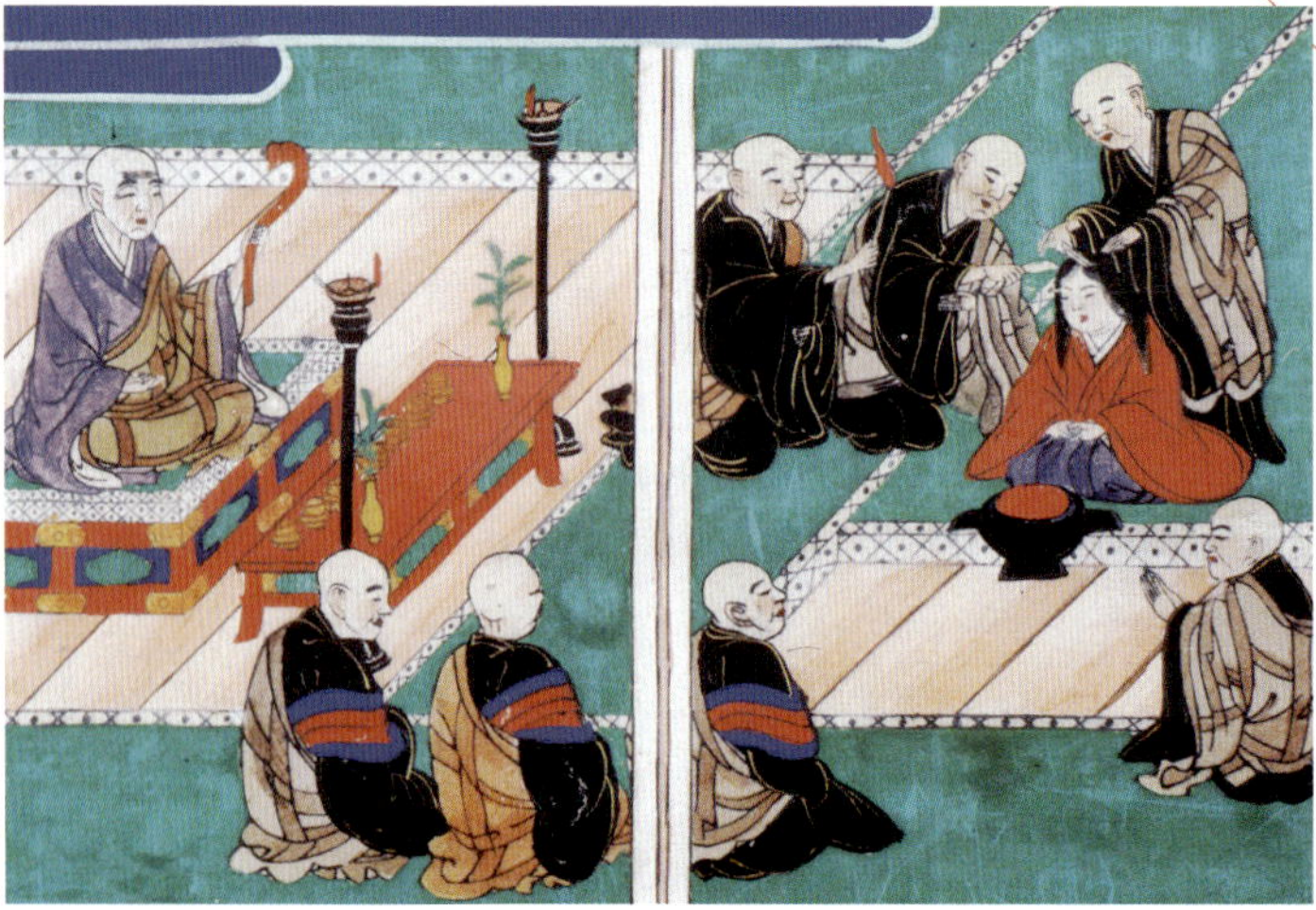

大安寺僧・勤操のもとで出家受戒する

だったとする説もある。この時代の地方官吏としてもかなり裕福だったことは間違いない。「真魚《まお》」と名づけられた少年は、長者と呼ばれるような恵まれた家庭にて、周りから「貴物《とうともの》」と呼ばれながら大事に育てられた。

空海の母は、阿刀《あと》家の出の阿古屋《あこや》という。おそらくは佐伯家が学問の師家として、奈良の都から阿刀家を招聘《しょうへい》していたのではないかと考えられている。

奈良時代から平安時代のはじめにかけて、阿刀の一族は義淵《ぎえん》・玄昉《げんぼう》・善珠《ぜんしゅ》・道鏡《どうきょう》・玄賓《げんぴん》・賢璟《けんけい》といった高僧をつぎつぎに輩出していた。これに倣ってか、父方の讃岐佐伯氏からは、空海を筆頭として、より若い世代の実恵《じつえ》・道雄《どうゆう》・智泉《ちせん》らが南都の諸寺に入り、中央の仏教界に確固たる地位を占めんとしていた。空海が官吏として生きるのではなく、仏門に進むことを選んだのも、こうした環境が大きく影響していたと思われる。

空海はわずか十五歳（一説には十八歳とも）で上京。皇太子・伊予親王の侍講《じこう》を務めていた、母方のおじの儒学者・阿刀大足《おおたり》について学んだ。中央で栄達を遂げたおじのような出世を期待され、讃岐の

戒壇授法

東大寺戒壇院で戒壇授法を受ける

国学（地方大学）ではなく、国内で唯一だった大学寮（国立大学）に入学するための準備期間である。この頃、すでに都は大和から長岡へ遷《うつ》っており、おそらくは急ピッチで建設が進められていた新都で過ごしたと思われる。

十八歳の年、無事に大学寮の明経《みようぎよう》科に入学。その施設はおそらくは旧都・平城京にのこっていたと考えられる。平城京には、讃岐佐伯氏の本家のような存在だった佐伯氏の氏寺・佐伯院があり、ここに寄宿したこともあっただろう。

その当時の平城京は、長岡京への遷都に伴い、多くの建物が解体されて新都へ運ばれていた。唐の都・長安を模した壮大な都は旧都となり、賑やかだった朱雀大路も歯抜けの状態になっていた。大安《だいあん》寺《じ》・元興寺《がんごうじ》・東大寺《とうだいじ》・興福寺《こうふくじ》・唐招提寺《とうしようだいじ》・西大寺《さいだいじ》など、南都の寺院はここに留め置かれ、新都へ遷ることは許されなかった。寂れつつあった平城京では、寺院の壮大な伽藍《がらん》はさらに存在感を増し、仏都の感がより強まっていただろう。

生まれ故郷に氏寺が建つような恵まれた環境で育った空海とはいえ、まだ少年である。貴重だった瓦を葺いた建物が立ち並ぶ都の様

久米感経

夢告により久米寺・東塔で大日経を発見する

子は、さぞ眩《まぶ》しく映ったに違いない。

一族の期待を一身に受けて大学寮で学び始めた空海。後に自著の中で、「雪や蛍の明かりで学んだり、眠気を払うために首に縄を巻いたり股《また》を錐《きり》でついたりしたという故事があるが、それさえまだ不十分だと思うくらいの気持ちで勉強した」と、熱心に勉学に打ち込んだことを記している。

この当時の大学寮とは、官僚の育成機関だった。空海が入学した明経科は、儒教の経典の本文と注釈を学ぶ。勝手な注釈は許されず、一字一句間違いなく諳《そら》んじることを求められたという。その退屈さに飽いたのか、かねてからの計画通りだったのかは定かではないが、二十歳の頃にはすでに仏道に進む決意を固め、山林修行に身を投じていたようだ。

仏道へ進むことを決意。『聾瞽指帰《ろうこしいき》』を執筆

山林修行へ傾倒していくきっかけとなったとされるのが、とある沙門《しゃもん》から授かった「虚空蔵求聞持法《こくうぞうぐもんじほう》」だった。その真言《しんごん》を一万遍唱

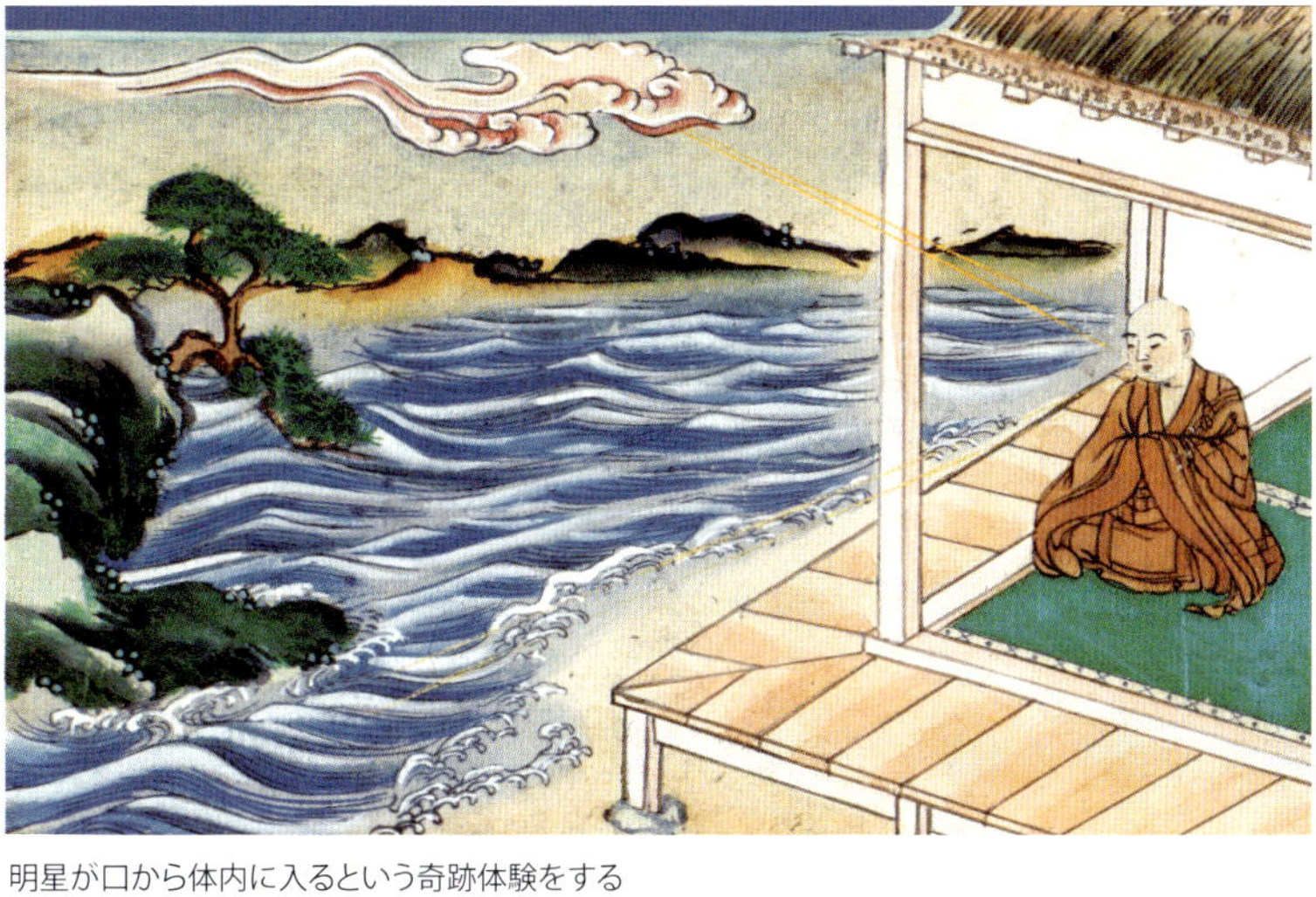

明星入吐

明星が口から体内に入るという奇跡体験をする

えると絶大な記憶力が手に入るという初期密教の秘法で、若き空海はこの力を得んと吉野の金峯山《きんぷせん》や四国の石鎚山《いしづちさん》などで修行を重ねた。その当時、葛城山《かつらぎさん》や大峰山《おおみねさん》の山岳修行者たちもこれを修しており、その当時の流行にも近いものだったという説もある。

この時代に、こぞって記憶力を求めたのには理由がある。書物すら満足に手に入らなかった古代社会では、知識の伝承は人間の記憶力に頼らざるをえなかった。とくに仏典は貴重とされ、コピーもないこの時代には簡単に所有することはおろか、読めるようなものではなかった。だからこそ虚空蔵求聞持法が空海の心を強く捉えたのだろう。

四国の室戸《むろと》岬《みさき》での修行中には、こんな神秘的な体験をしている。一心不乱に虚空蔵菩薩《ぼさつ》の真言を唱えていると、空の明星《みょうじょう》（金星。虚空蔵菩薩の化身）がぐんぐん近づいてきて口に飛び込んできたのだ。これを大きな契機として、いよいよ仏道に邁進していくことになる。

空海の遺言をまとめたとされる『御遺告《ごゆいごう》』には、空海は二十歳のとき、大安寺僧・勤操《ごんぞう》によって、南河内《かわち》の槙尾山《まきおさん》で得度したとある。しかし、得度の年齢と場所については、遣唐使として海を渡る直前

入唐着岸

遣唐使船に乗り唐に渡る

の三十一歳のとき、東大寺戒壇院《かいだんいん》で得度受戒を受けたとする説が有力視されており、さらに二十五歳という説もある。この時代の僧侶は十八歳までに得度して沙弥《しゃみ》となることが一般的であったため、いずれにしても極端に遅い。

この当時は国家の課役《かえき》から逃れるため、無許可の私度僧《しどそう》になる者が後を絶たず、たびたび禁令が出されている。空海がいつまで大学寮に在籍していたかは不明だが、三十一歳まで俗人のままで仏道修行する「優婆塞《うばそく》」であった可能性が高く、極めて特異だったといえる。

そんな空海が、官僚となる道を完全に捨て、自らの進むべき道は仏道だときっぱりと宣言したのが、二十四歳のときに著した『聾瞽指帰』（後に『三教指帰《さんごうしいき》』に改題）だった。おじの儒学者・阿刀大足をモデルとした「亀毛先生」や、自らの姿を映したと思われる僧侶「仮名乞児」など、五名が登場する戯曲風の作品で、儒教・道教・仏教の三教を比較し、仏教の教えが最善であると結論づけている。当時は官吏登用は二十五歳までとされており、その期限が迫っていた。出家に反対する親族に対して確固たる決意を伝える出家宣言の書と考えられている。

恵果拝見

長安の青龍寺で恵果に師事し胎蔵界・金剛界両部の奥義伝授を受ける

久米寺で『大日経』と出会い渡唐を決意

『聾瞽指帰』を著してから遣唐使船に乗船するまで、資料的に空海の所在はまったく掴めなくなる。いわゆる「空白の七年間」に入る。

一介の無名の僧に過ぎなかった空海だが、師のような関係だったとされる勤操の推挙などもあり、堂々と大和の大寺院に出入りし、貪《むさぼ》るように経典を読み耽《ふけ》ったと考えられる。また、それと並行して、より大きな験力《げんりき》を求めて、大和や南紀、四国の山林を遊行《ゆぎょう》していたはずだ。

奈良時代の仏教界では、月の前半は自然のなかに入って修行に励み、後半は寺院のなかで研鑽《けんさん》を積む、こうした修行パターンが盛んに行われていたという。空海以前に求聞持法を修した高名な僧、大安寺の道慈《どうじ》、唐僧の神叡《しんえい》、元興寺の護命《ごみょう》らは、吉野の比蘇山寺などの山寺での修行と、平城京の大寺院における学問研究を両立させていた。空海も同様の修練を積んでいたものと想像できる。

後に入唐した際に、空海が立ちどころに密教の思想を理解しえたのは、この時期に東大寺をはじめとする奈良の大寺院の経蔵にこも

投擲三鈷

唐より帰国する際、密教弘通の地を求め、恵果から贈られた三鈷を投げる

り、熱心に経典を読んだことが下地となっていたのだろう。さらに、空海が唐から持ち帰った大量の密教経典は、そのほとんどが初輸入のものだったという指摘もある。これはつまり、日本にすでに招来されていた密教経典はどれなのかをほぼ正確に把握していたことを意味している。

まさに万巻の経典を読み漁った空海であったが、それだけでは満足できず、より体系的な教えを求めていた。そんなある日、『大毘《だいび》盧遮那経《るしゃなきょう》（大日経《だいにちきょう》）』が高市郡（現在の橿原市）の久米寺《くめでら》の東塔の下にあるという夢のお告げを受ける。

久米寺は、不思議な術を使ったとされる久米仙人が開いたとも、聖徳太子の弟・来目皇子《くめのみこ》の開基とも伝わる寺で、官寺ではなく私寺である。空海のころは単に道場と呼ばれていた可能性もあり、怪しげな私度僧たちも闊歩《かっぽ》していただろう。

『大日経』などの本格的な密教経典の一部は、すでに天平時代に中国から伝来していたが、あまりにも難解だったためか、それほど重要視されていなかった形跡も見られる。久米寺で大日経と出会った空海も、即座にその重要性に気づいたものの、完全に理解するに

久米講経

帰朝した翌年、久米寺で奈良仏教の重鎮たちに対して大日経を講義する

は至らなかった。この教えを実践できる僧、阿闍梨《あじゃり》はまだ来日していなかったため、自らが唐へ渡りこれを学ぶことを決意したとされる。

しかし、空海が唐を目指した真の動機は、今なお大きな謎のままだ。秘門の法や新たな呪術を求めたため、明星が体内に飛び込むという神秘体験を追求するためなど、さまざまな説が提示されている。

唐から帰国後、東大寺の別当に。南円堂の設計も

入唐を決意した空海は、延暦二十三年（八〇四）、三十一歳のときに遣唐留学僧として、最澄《さいちょう》や橘《たちばな》逸勢《のはやなり》とともに唐へ渡った。無名の僧だった空海が希望したとおり遣唐使に選ばれたのは、おじが侍《じ》講《こう》を務めた伊予親王や、奈良の仏教界からの後押しがあったと考えられるが、資料はのこされていない。

空海が乗船した第一船は、海上を三十四日も漂流した末に、目的地を大きく外れた福州の赤岸鎮に漂着。唐の都・長安では、密教の

東大寺蜂

東大寺の別当となる。以降、東大寺は隆盛を取り戻すことになる

第七祖である恵果《けいか》阿闍梨を訪ね、わずか三ヶ月後には伝法阿闍梨位の灌頂《かんじょう》を受け、「遍照金剛《へんじょうこんごう》」の灌頂名を与えられた。求めていた密教の真髄を修めたのである。

二十年の在唐を義務付けられた留学生の身分だったにも関わらず、師の「早く国へ戻り、この教えを広めよ」という言葉に従い、膨大な密教経典とともにわずか二年ほどで帰国。その成果を語った「虚しく往きて実ちて帰る」という言葉からは、短期間で大きな成果をあげた満足感が伝わってくる。

帰朝後の空海は、京都や高野山を中心に活動する。

この頃の南都は、政治的な思惑に翻弄され疲弊していた。中国的な専制君主を目指した桓武天皇の御代には、巨大になりすぎた平城京の仏教勢力の影響から逃れようと、長岡京へ、そして平安京へと都が遷されたが、奈良の寺院は新都への移転を認められなかった。さらに、唐より天台の教えを持ち帰った最澄から「旧仏教」として非難されるなど、大きな危機に直面していた。

その一方で、空海は真言密教の優位性を打ち出したものの、従来の仏教の価値も認めていたことから、南都仏教との大きな対立はな

南圓堂鎮

興福寺の南円堂は空海が初めて手がけた密教思想を具現化した仏堂とされる

かった。それどころか、わずか三十七歳の空海がいきなり東大寺の別当（長官）に任ぜられるという驚くべき人事もあり、最澄以上に新鮮な体系を持ち帰った空海を積極的に取り込もうとする動きすら見られた。

東大寺には、修二会《しゅにえ》などに古密教的な素地が色濃くあったことから、多くの僧が真言密教を学んだ。弘仁十三年（八二二）に東大寺内に真言院を創建。南都への真言宗の浸透の契機となっていった。

弘仁四年（八一三）には、藤原冬嗣《ふゆつぐ》の依頼により、興福寺南円堂の建立にも関わる。自身で建物を設計、工事を監督し仏像を刻むなど、空海が手がけた初めての密教思想を具現化した堂とされる。その当時、藤原北家は衰微していたが、この頃からめざましく隆盛に転じ、空海の名はさらに高まっていった。

奈良にものこる「弘法大師伝説」

空海が奇跡を巻き起こす逸話は日本全国で語り継がれているが、そのほとんどは単なる伝説に過ぎない。

大峯修行

修験道の聖地である大峯で修行をする

しかし、生まれ故郷である四国の満濃池《まんのういけ》の修築工事を成功させた四年後、天長二年（八二五）に竣工した奈良・益田池《ますだいけ》の工事に関わっていることは間違いない。空海が直接工事を指導したものではなく、卓越した文章力で銘文を撰し、それを揮毫《きごう》した。空海が関わったことで多くの助力が得られ、短期間で無事に完成したという。

古くから常に水不足に悩まされた大和盆地の人々にとって、治水工事を成功に導くだけの知識がある空海の存在はどれほど大きかったことだろう。密教の奥義で印を結べば奇跡が起こると考えられ、そのご加護を期待して、さまざまな伝説が生まれた。とくに空海が杖をついた場所から泉が湧いて井戸や池となったという「弘法水」の伝承は多く伝わっている。

また、霊地・高野山とも近いだけに、建立した寺院、修行した滝、休憩した岩などが伝わり、うるさい蛙を叱ったらそれ以降鳴かなくなった、昼寝の邪魔だった川音を止めた、水の珠を持ちだして弁財天に追いかけられたなど、ユニークな伝承も多い。

弘法大師空海の伝説は、宗派も時代も超えて、ずっと親しみを込めて語り継がれてきている。

高野山の地主神「高野御子大神（狩場明神）」により高野山に導かれた

高野導入

二 奈良北部の縁の地

空海が初めて畿内へ上ったとみられる十五歳のころ、すでに都は長岡に遷《うつ》り、平城京は旧都となっていた。多くの建物が新都へ移築され、賑やかだった都も更地が目立っていただろう。しかし、奈良の大寺は平城京にのこっていた。重厚な佇まいの大寺院が立ち並び、仏都としても面目を保っていたと思われる。

平城京にあったと思われる大学寮に入学した空海だが、仏道へ進む決意を固め、官吏としての出世コースをはずれていく。東大寺《とうだいじ》や大安寺《だいあんじ》、元興寺《がんごうじ》などの経蔵に通いつめて、万巻の経典を読み耽《ふけ》ると同時に、中南部の山中

平城宮の正門・朱雀門の前の広場では外国使節の送迎の儀式や、人々が集まって歌垣なども行われていた。約七四メートルもの幅をもつ平城京のメインストリート・朱雀大路が、三・六キロ先の羅城門まで真っ直ぐに伸び、さまざまな身分の者たちが行き交った。空海が闊歩した時代から変わることなく、今でも抜けるような空が広がっている

へ分け入って修行を続けた。その十数年後、自分が東大寺の別当《べっとう》（長官）に任命されることなど、その頃の空海はまったく予想もしていなかっただろう。

唐から戻った後も、南都と空海の関係は続く。仏教の中心であった奈良に密教の教えを広めるため、そして晩年になって東寺と高野山との往来の途中などにも、幾度となく奈良を訪れていたことは間違いない。次第に華やかさを増していく平安京と比較して、外縁部から少しずつ田畑に還《かえ》っていく旧都をみて、空海はどのように思っただろうか。

仏都・奈良は、若き日の空海の苦悶や喜びの舞台となっていたばかりではなく、半世紀にわたってその盛衰を見守ってきた、とても縁の深い土地なのだ。

若き空海が学び、進む道を模索した仏教の都
平城宮跡《へいじょうきゅうせき》

　十五歳の空海が初めて平城京に上った延暦七年（七八八）、すでに長岡京への遷都が始まって四年目となっていた。役所などを中心に多くの建物が解体されて新都へ移築されており、全盛期の壮麗さには遠く及ばないまでも、少年時代の空海はその規模の大きさに目を丸くしたことだろう。

　畿内へ上ってからの三年間は、長岡京にあったと思われるおじ阿刀大足《あとのおおたり》の邸宅に住まい、大学寮入学のための準備を行っていた。人生でもっとも多感な時期を、次第に賑《にぎ》やかさを増していく新都で過ごした。

　十八歳の年、大学寮の明経《みょうぎょう》科に入学。はっきりとした資料はのこされていないが、学問所の長岡京移転は後回しにされており、おそらくは旧都・平城京にあったと考えられている。平城京には、空海の一族の本家のような存在だった佐伯《さえき》氏の氏寺・佐伯院があり、空海はここに寄宿していた可能性が高い。

　また、おそらく大学寮生活と並行して、東大寺・興《こう》福《ふく》寺《じ》・大安寺・元興寺などの大寺院の経蔵にこもってたくさんの経典を読み耽《ふけ》り、さらに南へ下って山岳修行にも出向いていたと思われる。

　十八歳から入唐する三十一歳まで、空海の青年時代といえる時期は、仏都・平城京が大きな比率を占めて

Data
奈良市佐紀町・二条大路南・法華寺町／第一次大極殿・朱雀門 0742-32-5106（文化庁平城宮跡管理事務所）／近鉄「大和西大寺駅」から徒歩約10分／9:00～16:30（施設への入館は16時まで）／平城宮跡資料館・遺構展示館・復元事業情報館・東院庭園などすべて入館無料／Map：P6

いたことは間違いない。

平城宮跡に展示される遣唐使船（平成二十九年度内に再設置の予定）は、当時の船の姿を資料から復元したものだ。船の構造などについてはほぼ資料がのこされていないため、十二世紀末から十三世紀初めの「吉備大臣入唐絵巻《きびのおとどにっとうえまき》」に描かれた遣唐使船の姿なども参考とし、二本の帆柱に網代帆《あじろ》を上げた姿となっている。

遣唐使船は、八世紀には遭難に備えて四隻体制で送られるようになり、別名「四つの船」と呼ばれた。総勢約六百人規模だったという資料もあり、一隻あたり百五十人もの人間がすし詰めになって乗船していたことになる。それだけの人数の水と食料を積み込み、寝るための最低限のスペースを計算し、全長約三十メートル、全幅約九・六メートル、マスト高約十五メートルのサイズとされた。

しかし、甲板上に立ってみると、ここに百人を超える男たちが肩を寄せ合うようにしていたとは考えられないほど狭く感じられる。

空海は、延暦二十三年の第十六次（または第十八次）遣唐使節の一員として唐へ渡った。遣唐大使・藤原葛野麻呂《かどのまろ》、空海と並んで三筆のひとりとして数えられる橘逸勢《たちばなのはやなり》らとともに第一船に乗船したが、通常のコースを大きくはずれ、海上を三十四日も漂流した末に、ようやく福州の赤岸鎮に漂着した。木の葉のように揺れる船の上で、死の恐怖とも戦ってきただろう。その苦難の旅が偲ばれる。

また、遣唐使船について、「常に遭難の危険がつきまとったのは、当時の日本

復元された朱雀門。朱雀大路に向かって開く平城宮の正門だった

の造船技術や航海術が未熟すぎたためだ」というイメージがあるが、それは決して正しくないという指摘もある。朝鮮半島との関係が悪化したため半島沿いのルートが取れなくなったこと、また正月に朝貢使《ちょうこうし》として参賀しなければならないため、逆風が吹く春に出発する必要があったことなどから、あえて危険な航海に臨まなくてはいけなかったという。

また、大陸へ到着してからの使節団の滞在費などは、唐が負担していたため、中国本土に残る留学生以外は、あまり長居しないのが礼儀とされていた。時期をずらして早めに入唐するということも難しかったようだ。

復元された遣唐使船からは、命を賭《と》しての航海の危うさが伝わってくる。

【佐伯院旧跡】

古来から武門を誇る一族だった佐伯氏。空海が生まれた讃岐《さぬき》の佐伯家とは直接的な繋がりはないものの、中央の本家のような親しい関係性を維持していた。

その当時、佐伯氏や大伴《おおとも》氏、巨勢《こせ》氏、紀《き》氏らといった伝統的氏族は、藤原氏の台頭により低迷を余儀なくされる。そんな状況下ながら、東大寺の造営を担当する造東大寺司《ぞうとうだいじし》の長官などを歴任し、聖武《しょうむ》天皇から「東の大居士」と呼ばれ敬愛された人物が「佐伯今毛人《いまえみし》」だった。半世紀にわたって官人生活を続け、最終的に参議《さんぎ》正三位にまでのぼるなど、異例の立身出世を遂げた。

復元された遣唐使船。甲板に出てその規模を体感することもできる
(平成二十九年度内に再設置の予定)

第一次大極殿。重要な儀式を執り行う平城京最大の建物だった

晩年の今毛人が収入の大半をつぎ込み、兄の真守《まもり》とともに佐伯氏の氏寺として建立したのが「佐伯院」（正式には香積寺）だった。東大寺と大安寺から土地を購入し、宝亀七年（七七六）に起工。五間の金堂《こんどう》には金銅丈六の薬師三尊《やくしさんぞん》などを祀り、その周囲に数棟の建物を配置していたという。

しかし、延暦三年の長岡京への遷都を機に寺は衰退をはじめる。空海が平城京の大学寮に通うために寄宿したと考えられる延暦十年は、創建当初の華やかさが失われてきた頃だろう。

昌泰三年（九〇〇）、佐伯院の建物は東大寺境内へ移され、東大寺東南院の起源となったことが知られている。

佐伯院の所在地は、平城京の外京「五条六坊」の辺りで、元興寺に近い位置だったとされる（現在の奈良市八軒町東の交差点付近とも）。いまではその痕跡はまったくのこされていない。

国際的な空気に触れ、唐への憧憬を深める

大安寺《だいあんじ》

大安寺は奈良の中心部からやや距離もあり、観光地の喧騒から逃れられる。本尊・十一面観音立像や、収蔵庫の楊柳観音立像（いずれも重文）など、初期密教の影響も見られる奈良時代末期の九体の古仏が現存している。おそらくは空海も拝し、その異国風の像容に驚いたことだろう。大和北部八十八ケ所霊場の第一番・第二番札所にもなっている

大和北部八十八ヶ所
霊場の札所

1番　本堂
2番　嘶堂（いななきどう）

Data
奈良市大安寺2-18-1／0742-61-6312／JR奈良駅から車で約8分／9:00～17:00（受付は16:00まで）／本堂・収蔵庫 400円／Map：P6

聖徳太子《しょうとくたいし》建立の熊凝精舎《くまごりしょうじゃ》に起源を持つ大安寺。奈良時代から平安時代前期にかけて、三論《さんろん》宗の学問寺として栄えた。また、来日したインドや中国の僧侶が滞在する国際的な寺院であり、入唐し虚空蔵求聞持法《こくうぞうぐもんじほう》を学んだ道慈《どうじ》、空海と深い親交を結び師弟のような関係にあったとされる勤操《ごんぞう》など、奈良時代を代表する高僧たちも籍をおいた。

空海が大安寺に住した記録はのこされていないが、おそらく大安寺の境内を自由に行き来し、経蔵にこもって仏典を読み耽り、同年代の修行僧や海外からの渡来僧とも親しく交わったと想像される。大安寺の国際的な空気に触れていたことが、唐への憧憬を深める下地となっていたことだろう。

また、唐から帰朝後の天長六年（八二九）、大安寺の別当にも任命されるなど、生涯濃い繋がりを保っていた。

大安寺・本堂

日本最大の仏教研究機関

東大寺《とうだいじ》

大和北部八十八ヶ所
霊場の札所

12番　真言院
（番外札所として戒壇院）

Data
奈良市雑司町406-1／0742-22-5511／近鉄奈良駅から徒歩約20分／8:00～16:30（11月～2月）、8:00～17:00（3月）、7:30～17:30（4月～9月）、7:30～17:00（10月）／境内無料／大仏殿・法華堂・戒壇堂　各500円／真言院は拝観不可／Map：P6

日本を代表する大寺院・東大寺。海外からの参拝者や修学旅行生たちの姿が絶えることはない。空海が具足戒を受けた戒壇院には、奈良時代の塑像彫刻の傑作、四天王立像（国宝）が安置されている。大仏殿や二月堂など、建築物は空海の時代から建て替えられたものが多いが、空海も拝んだであろう仏像が何体も現存している。広大な境内を歩けば古の薫りが感じられるだろう

巨大な盧舎那仏《るしゃなぶつ》が造立され、国営の役所・造東大寺《ぞうとうだいじ》司《し》によって建設が行われるなど、大和国の国分寺《こくぶんじ》であると同時に国家の中心と位置づけられてきた東大寺。

国家の安寧と国民の幸福を祈る道場であり、仏教についての研究機関でもあったため、華厳《けごん》宗をはじめとした南都六宗（華厳・三論・倶舎《くしゃ》・成実《じょうじつ》・法相《ほっそう》・律《りつ》）、さらに平安時代には天台宗・真言宗も加えた八宗兼学の学問寺として栄えた。

延暦二十三年（八〇四）、入唐の直前の三十一歳の空海は、東大寺戒壇院《かいだんいん》において具足戒《ぐそくかい》を受けたとされる。しかし、唐へ渡った時点ですでに華厳経に精通していたことから、それ以前の私度僧《しどそう》（または国家から認められていない優婆塞《うばそく》）の時代にも、東大寺へ出入りしていたことは間違いないようだ。一介の無名の僧が、日本最大の官寺へ立ち入ることができたのは、大安寺僧・勤操や、おじの阿刀大足らの推挙が考えられる。

空海が創建した東大寺真言院。南都における真言宗の拠点であり、大和北部八十八ケ所霊場の第十二番札所となっている。弘法大師坐像（重文）などを祀るが、現在は拝観不可

また、空海が唐から真言密教を持ち帰ると、東大寺僧らも新しい教義に注目し始めた。弘仁元年（八一〇）、わずか三十七歳でまだ無名に近かった空海が、いきなり東大寺別当に任ぜられるという驚くべき人事が行われた。その当時、空海よりも一足先に帰国していた最《さい》澄《ちょう》の登場により、南都仏教は劣勢に陥っていた。それを巻き返すべく、空海が持ち帰った最新の教義を取り入れたいと願ったことは間違いないだろう。

佐伯院の建物が移築された東大寺東南院の跡地。
史跡に指定され、本坊前に碑が立っている

また、こんな逸話も伝わっている。東大寺には蜂が大量に発生したため、これを恐れた僧は寺を離れ、参拝者の足も遠のき困っていた。ところが、空海が東大寺の別当職に就くと、たちまち蜂は退散し、寺を捨てて逃げていた僧たちも戻り、東大寺は隆盛を取り戻したという。空海の力によって南都の仏教勢力が危機を脱したことが暗示されている。

東大寺の別当を四年間勤めた後、弘仁十三年には東大寺真言院を創建。空海入定の翌年にはここに灌頂《かんじょう》堂《どう》が置かれ、南都へ真言宗が浸透する契機となった。

もともと、東大寺には古密教的な素地があったようだが、この時期を境により色濃くなっていく。

千二百年以上も途切れること無く続く二月堂の「修二会（お水取り）」では、密教の影響が強い「呪師《しゅし》」という職が設けられたり、僧侶になるための伝法《でんぽう》灌頂の資格を得る前段階として、密教の「四度加行《しどけぎょう》」を修している。華厳宗大本山の東大寺にも、空海が伝えた密教の影響は多々見られるのだ。

興福寺《こうふくじ》

南円堂の建立に携わり、藤原北家を隆盛に導く

朝廷貴族の筆頭・藤原氏一門の氏寺である興福寺。私寺であって官大寺でもあり、南都に強大な勢力を有した。藤原氏とも良好な関係を築いていた空海は、興福寺南円堂《なんえんどう》の建立に深く関わっている。

南円堂建立を発願したのは、藤原北家の藤原内麻《うちま》呂《ろ》。空海が帰朝したときの右大臣で、当時の藤原氏の衰微《すいび》をなげき、現世利益を期待していた。すぐに内麻呂は亡くなってしまうが、息子・冬嗣《ふゆつぐ》が父内麻呂の追善供養のためとしてこれを引き継いだ。

南円堂は、東寺講堂の立体曼荼羅《まんだら》などに先駆けて建立された、空海が初めて手がけた密教思想を具現化した仏堂とされる。基壇《きだん》の造成の際には、地神を鎮《しず》めるために銅銭をまき、空海自身が密教式鎮壇《ちんだん》作法を行った。完成は弘仁四年（八一三）。講堂から移した不空羂《ふくうけん》索観音菩薩《さくかんのんぼさつ》と四天王を祀り、自ら仏像を刻んだとも伝わっている。

南円堂の完成以降、藤原北家はめざましく隆盛に転じ、このお堂は興福寺でも特殊な位置を占めるようになる。空海の名声はさらに高まり、藤原家を味方につけたことが後に大いに役立っただろう。

また、興福寺南円堂の建立の際に、空海は無事の完成を祈り天河大辨財天社《てんかわだいべんざいてんしゃ》に参籠したところ、宇賀《うが》弁財

Data

奈良市登大路町48／0742-22-7755／近鉄奈良駅から徒歩約5分／9:00～17:00（受付は16:45まで）／境内自由／国宝館600円／東金堂　300円／Map：P6

念願だった中金堂の再建工事が進む興福寺（平成三〇年に落慶予定）。空海ゆかりの南円堂は当時の建物はすでに焼失し、現在の建物は寛政元年（一七八九）ごろ、四度目の再建をされたものとなる。堂内には運慶の父である大仏師・康慶の作となる不空羂索観音菩薩像が祀られ、その周囲を四天王像（いずれも国宝）が守護する。南円堂は年に一度、10月17日の「大般若転読会」のみ特別公開される

天を感得。興福寺に窪弁才天として勧請し、寺内の社に祀られたと伝わる。後の康治二年（一一四三）に興福寺三重塔が竣工するが、塔は平重衡《たいらのしげひら》の南都焼打《やきうち》によって焼失。現在の塔は鎌倉時代前期に再建された。明治の廃仏毀釈の後、かつての子院・世尊院からの客仏である弁才天が祀られるようになり、毎年七月七日のみ御開扉の秘仏となっている。

さらに、国宝館には、空海が銘文の撰者となり、橘逸勢の筆と伝わる国宝「銅造燈籠」「銅造火袋扉」も現存している。

渡来僧や元興寺僧たちとの多様な親交が伝わる

元興寺《がんごうじ》

現在のならまちエリアに、広大な寺域を誇っていた元興寺。空海が出入りしていた記録はのこされていないが、数多くの元興寺僧たちとの親交が伝わっている。

延暦二十三年（八〇四）、東大寺戒壇院にて空海に具足戒を授けたのは、鑑真《がんじん》和上《わじょう》に同伴して来日した元興寺の唐僧・泰信《たいしん》律師だった。当時の元興寺は六宗兼学であり、海外から来日した僧が住する国際性もあり、空海も間違いなく何度となく訪れていただろう。

弘仁元年（八一〇）には、元興寺僧・中璟《ちゅうけい》の罪の赦《しゃ》免《めん》を願う上表文《じょうひょうぶん》を書いている。中璟は高位にありながら宮中の女性との間違いを犯してしまった。このような擁護を引き受けるのは、よほど親しくなければできるものではない。さらに、吉野での山岳修行と大安寺での修行を両立した、空海の先駆者のような護命《ごみょう》も元興寺僧だった。天長六年（八二九）には護命の八十歳を祝った詩を贈るなど交流を続けている。

境内には多数の石仏が並び、それとは少し離れて空海らしき石仏も見られる

大和北部八十八ヶ所霊場の札所

5番　塔跡
9番　極楽坊

Data
奈良市中院町11／0742-23-1377／近鉄奈良駅から徒歩約12分／9:00～17:00（受付は16:30まで）／500円／Map：P6

世界遺産寺院・元興寺。人気の観光スポット・ならまちエリアの中心にあり、参拝客の姿が絶えない。極楽堂と禅室（いずれも国宝）は、古い「行基葺き」と呼ばれる瓦が屋根に葺かれており、今から千四百年前の瓦も使用されている。空海の時代からまったく変わらないものを目にすることができるのは、古都・奈良ならではだろう

また、伝教《でんぎょう》大師・最澄の愛弟子でありながら、後に弘法大師・空海の弟子となったため、両者が仲違いする要因となったとされる泰範《たいはん》も、元興寺の学僧だった。元興寺僧と空海との交わりは枚挙に暇がない。

現在ものこる「禅室《ぜんしつ》」（国宝）は、空海ら僧侶が起居し学修した官大寺僧坊の遺構となる。建築様式は鎌倉時代の大仏様としているが、奈良時代以前の古材も多く再利用されている。江戸時代の『元興寺極楽坊縁起絵巻』には、禅室に安置された本尊「厨子《ずし》入《いり》智《ち》光曼荼《こうまんだ》羅《ら》」を観想していた空海が、そこに春日大明神が影向《ようごう》することに気付き、明神の絵図と自らの影像をのこしたと伝える。

法輪館（収蔵庫）の「弘法大師坐像」（重文）は、弘安八年（一二八五）、南都仏師・善春《ぜんしゅん》一派の大師四五〇年遠忌にむけて造像されたものとみられ、奈良県内でもっとも古い大師像と考えられている。早くから弘法大師信仰が根付いていたことを窺わせる。

渡唐の無事を祈願し、
千日間参籠したと伝わる

海龍王寺《かいりゅうおうじ》

平城京の東北隅に位置し、古くは「隅《すみ》寺《でら》」と呼ばれた海龍王寺。天平三年（七三一）、光明《こうみょう》皇后の発願で建立され、唐から帰国した僧・玄昉《げんぼう》が初代住持となったと伝わっている。寺宝の「隅寺心《しん》経《ぎょう》」は、天平時代に書写された般若心経で、弘法大師筆と書かれた箱に納められたもの。渡唐の無事を祈願して千日間の参籠《さんろう》をし、写経した般若心経千巻を納めたと伝わっている。それ以来、旅行や留学の安全のご利益があるとされている。

大和北部八十八ヶ所
霊場の札所

19番

Data

奈良市法華寺町897／0742-33-5765／近鉄「大和西大寺駅」から奈良駅行きバスで約8分、「法華寺」下車すぐ／9:00～16:30（特別公開時は9:00～17:00）／400円／Map：P6

春に咲く可憐な白い花「雪柳」の名所としても知られる海龍王寺。鎌倉時代の作となる本尊・十一面観音立像（重文）は秘仏で、春と秋に特別開扉される。西金堂には、相輪を含む総高が約四メートルという小さな塔「五重小塔」（国宝・36頁）が安置され、空海ゆかりの寺宝、海龍王経・隅寺心経などは、奈良国立博物館に寄託されている

空海が彫った「石仏龕」を本尊として祀る

十輪院《じゅうりんいん》

元正《げんしょう》天皇の勅願によって創建された、ならまちの十輪院。もとは広大な寺域を誇った元興寺の別院だった。奈良時代の右大臣・吉備真備《きびのまきび》の子であり、空海の書の師であったとされる朝野魚養《あさののなかい》の開基と伝わっている。

本尊は珍しい「石仏龕《せきぶつがん》」（重文）で、空海によって彫られたものとされる。本尊の地蔵菩薩の両脇に、釈迦《しゃか》如来《にょらい》と弥勒菩薩《みろくぼさつ》を浮き彫りで表し、極楽往生を願う地蔵世界を表している。

大和北部八十八ヶ所
霊場の札所

6番

Data
奈良市十輪院町27／0742-26-6635／近鉄奈良駅から徒歩約18分／9:00～16:30／境内無料／本堂拝観 400円／Map：P6

観光客の姿も多く見られるならまちエリアの中心にある十輪院。鎌倉前期作の本堂（国宝）は、本尊「石仏龕」を祀るための礼堂（らいどう）として建てられたもの。中世の住居の要素が色濃く見られる

十輪院の「魚養塚（うおかいづか）」は、朝野魚養の墓として伝わるもの。横穴式の石室が開口し、奥壁に如来像が浮き彫りされている。朝野魚養は能書家として知られ、薬師寺の扁額や、奈良国立博物館などが所蔵する「大般若経（魚養経）」を書写したとされる

唐から帰朝後、草庵に自刻の地蔵尊を祀る

空海寺《くうかいじ》

東大寺の末寺となる華厳宗寺院「空海寺」。空海が東大寺別当に就任した当時、東大寺境内に構えた草庵が起源とされている。空海が石窟をつくり、右に不動明王、左に聖徳太子を従えた自作の地蔵菩薩像を安置。そのさまがまるで穴蔵のようだったことから「穴地蔵」と呼ばれ、「阿那地蔵」との別称で人々の信仰を集めてきた。

なお、この御本尊は一般には公開されない秘仏となっている。

空海寺の境内には、矢田寺から移された「地蔵十王石仏」も見られる。室町時代後期の作で、大きな舟型光背を背にした石仏だ。さらに、東大寺の歴代別当の墓や、平城宮跡の保存に尽力した棚田嘉十郎の墓も建てられている

大和北部八十八ヶ所霊場の札所

14 番

Data

奈良市雑司町 167／0742-22-2096／近鉄奈良駅から徒歩約 23 分／9:00～16:00／拝観無料／Map：P6

空海作の仏像や井戸。伝説が色濃くのこる

弘仁寺《こうにんじ》

知恵の仏・虚空蔵菩薩に、十三歳の厄を払い知恵を授けてもらえるように祈る「十三詣り」が盛んな弘仁寺。毎年4月13日に催される他、年間を通じて祈祷を実施している。江戸時代に奉納された二つの「算額」にも注目したい。額や絵馬に数学の問題や解法を記したもので、古くから知恵や知識、記憶といった面でご利益があるとされていたことがわかる

「高樋の虚空蔵さん」として親しまれる弘仁寺。弘仁五年（八一四）、嵯峨《さが》天皇の夢に現れた老人の夢のお告げによって創建したと伝わるほか、大同二年（八〇七）に高野に向かっていた空海が、虚空蔵山に流星が落ちるのを見て、ここを霊山として開基したという二種類の逸話がある。

本堂に祀られる「虚空蔵菩薩像」「天部立像《てんぶりつぞう》」は空海が刻んだもの、奥の院の「閼伽《あか》井戸」は、空海が三鈷杵《さんこしょ》で掘ったものと伝わるなど、空海の伝説が色濃く感じられる古刹だ。

大和北部八十八ヶ所霊場の札所

74番

Data

奈良市虚空蔵町46／0742-62-9303／JR・近鉄奈良駅からバス「下山町」下車乗り換え、コミュニティバス「高樋町」下車、徒歩約5分／9:00～16:00／400円（小学生以下は無料）／Map：P7

本堂裏手「般若窟」で若き空海が研鑽を積む

宝山寺《ほうざんじ》

「生駒《いこま》の聖天《しょうてん》さん」として親しまれる宝山寺。斉明《さいめい》天皇元年（六五五）、役行者《えんのぎょうじゃ》が開いたとされる修験道場が前身とされる。本堂裏手の高い巌山に見える「般《はん》若窟《にゃくくつ》」が山岳修行の拠点となり、若き日の空海もここで研鑽を積んだと伝わっている。

本堂内には寺院創建前に空海が書いた「寶山寺」の額がのこる。灯明による煤《すす》で真っ黒になっているが、祈りの姿を見つめ続けている。また、奥の院の手前に建つ大師堂には、四十歳代の姿を写した弘法大師坐像が祀られている。

大和北部八十八ヶ所
霊場の札所

34番

Data
生駒市門前町 1-1／0743-73-2006／近鉄「生駒駅」から生駒ケーブル約 5 分、「宝山寺」下車、徒歩約 10 分／8:00 ～ 16:30（4 月～ 9 月）、8:00 ～ 16:00（10 月～ 3 月）／拝観無料／Map：P7

生駒山の中腹に位置する宝山寺は、「日本三大聖天」の一つとして、古くから現世利益を求める人々から信仰を集めてきた。緩やかな石段に架かる大きな鳥居、歓喜天の好物である大根が描かれた賽銭箱、ノスタルジックな門前の通りなど、他ではあまり感じられない独特の雰囲気が漂う

三、奈良中部の縁の地

大和盆地の中央から東部にかけては、空海が唐から帰朝した後の、もっとも充実した時期の伝承が数多く見られる。奈良仏教の中心地であった北部とはまた違い、空海が開創に関わった寺院も多い。

直接的ではないにしろ、巨大な溜池「益《ます》田《だ》池《いけ》」の築堤工事に協力したり、親交があったと思われる伊予親王とその母が無実を訴えながらも毒を飲んで心中したとされる川《か》原《わら》寺《でら》を下賜されるなど、土木技術にも霊力にも秀でていた空海らしい縁の地ものこされている。

また、伝承的ではあるものの、橿原市の久《く》米《め》寺《でら》では、空海が入唐を目指すきっかけとなった大《だい》日《にち》経《きょう》との出会いがあったとも伝わっており、人生の大きなターニングポイントを迎えた場所でもある。

高野山との往《おう》還《かん》の途中で、このエリアに立ち寄る機会も多かったのであろう。弘法大師ゆかりの池や井戸、祭りなども多く伝わっており、現在でも愛され親しまれている。

岡寺

夢告により塔で大日経を発見。
渡唐を決意する

久米寺《くめでら》

推古《すいこ》天皇二年（五九四）、聖徳太子《しょうとくたいし》の弟・来目皇子《くめのみこ》の創建と伝わる久米寺。不思議な術を操った久米仙人の伝承も伝わる古寺である。

延暦二十三年（八〇四）、東大寺戒壇院《とうだいじかいだんいん》で具足戒《ぐそくかい》を受けた空海は、大仏殿に参籠《さんろう》し真の教えを授かるように祈願する。すると結願《けちがん》の日、久米寺の東塔に「大毘盧《だいびる》遮那経《しゃなきょう》（大日経《だいにちきょう》）」があるという夢告があり、まさにそこで大日経を発見したという。その塔は高さ八丈の多宝大塔。官寺ではなく私寺であった久米寺に、この時代こんな立派な塔が建っていたことにも驚く。

こうした密教経典の一部は、天平時代にはすでに伝来していたと見られるが、内容があまりにも難解だっ

大和北部八十八ヶ所
霊場の札所

88番

Data
橿原市久米町502／0744-27-2470／近鉄「橿原神宮前駅」から徒歩約5分／9:00～17:00／境内無料／本堂拝観400円／Map：P6

紫陽花の名所として、また憎めない久米仙人の逸話が伝わる久米寺。毎年５月３日に催される、阿弥陀仏と二十五菩薩が来迎にやって来る場面を演じる「久米寺練供養（久米レンゾ）」が有名だ。現在も境内に多宝塔が建っているが、これは万治二年（一六五九）、京都・仁和寺から移築されたものとなる

たためか、当初はそれほど重要視されていなかったようだ。だが、これまでさまざまな経典に目を通していた空海は、その重要性を即座に理解した。仏教の本質へと近づく光明が差したように感じたことだろう。

しかし、さすがの空海も梵字で書かれた真言の意味や、仏との交感のために必要とされる印の結び方など、経典だけでは不明な点も多かった。これを実践できる僧（阿闍梨《あじゃり》）はまだ来日しておらず、みずから唐へ渡りその教えを招来することを決意したとされる。

また、空海が唐から帰朝した翌年にあたる大同二年（八〇七）、久米寺で奈良仏教の重鎮たちに対して大日経を講義したと記す書もある。講義中には仏教の外護神が一万余の神兵を率いてあらわれ、聴聞しつつ警護にあたったとも伝わっている。

南都の仏教界は、空海よりもひと足早く新仏教を持ち帰った最澄《さいちょう》への対応に苦慮していた状況であり、友好的だった空海が持ち帰った密教の教えに関心を寄せるのは自然な流れである。奈良を訪れた際に、私的に密教の講義を行っていても不思議はない。目立つ官寺を避けて、空海との縁のある私寺、久米寺が会場として選ばれた可能性は低くないだろう。

空海が大日経に出会ったとされる塔の跡「大塔礎石」。
現在は基壇のみがのこされている

空海「一夜建立」と伝わる優美な五重塔も

室生寺《むろうじ》

春の石楠花（しゃくなげ）の名所として知られる室生寺。金堂や講堂には、平安時代前期ごろの美しい仏像群が安置されており、空海も目にしていた可能性もある。優美な五重塔を横目にさらに奥へと進み、杉木立に囲まれた三七〇段あまりの石段を登り切った先に奥の院がある。道のりは大変だが、ぜひ参拝しておきたい

女人禁制だった高野山とは違い、古くから女性にも門戸を開いていた「女人高野《にょにんこうや》」室生寺。役行者《えんのぎょうじゃ》が開き、空海が真言宗の道場として再興したと伝わるが、「龍穴《りゅうけつ》」という洞穴の近くに祀られた龍穴神社の神宮寺として開かれたとする説もある。

屋外に建つものとしては最小となる、優美な姿の「五重塔」（国宝）は、「弘法大師一夜建立五重塔」との伝承も。長い石段の先にある奥の院には、弘法大師を祀る日本最古級の「大師堂」も建ち、毎月二十一日に開扉されている。

塔の西側に位置する如意山《にょいさん》には、空海が恵果《けいか》阿闍梨より授かった如意宝珠を埋めたとされる石塔が建つ。昭和二十一年（一九四六）の調査では、ここから舎利《しゃり》容器・琥珀《こはく》玉が出土しており、調査終了後に再び石塔の下へと埋め戻されている。

大和北部八十八ヶ所霊場の札所

奥の院

※番外のようなもので最後にお参りに行く

Data

宇陀市室生78／0745-93-2003／近鉄「室生口大野駅」から、室生寺行きバス「室生寺」下車、徒歩約5分／8:30～17:00（4月～11月）、9:00～16:00（12月～3月）／600円

／Map：P7

飛鳥四大寺の一つ。怨霊鎮魂のため下賜される

川原寺跡《かわらでらあと》

法興寺《ほうこうじ》（飛鳥寺《あすかでら》）、薬師寺《やくしじ》、大官大寺《だいかんだいじ》（大安寺《だいあんじ》）と並び、飛鳥の四大寺の一つに数えられた川原寺。敏達《びだつ》天皇十三年（五八四）とも斉明《さいめい》天皇元年（六五五）とも、開創の年すら確定していない謎の多い大寺院だ。理由は不明ながら、平城京遷都後も飛鳥に留め置かれたため、中世以降は衰微していった。

川原寺は、弘仁九年（八一八）に空海に下賜されたとすると文献にある（一説には天長九年〈八三二〉とも）。

それに先立つ大同二年（八〇七）、桓武《かんむ》天皇の第三皇子であり、平城《へいぜい》天皇の実の弟である伊予親王は、謀反《むほん》の疑いをかけられ、母・藤原吉子とともに川原寺へ幽閉された。身の潔白を主張したが受け入れられず、同じ日にそろって毒を飲んで心中したという。

伊予親王は、空海のおじ阿刀大足《あとのおおたり》が侍講《じこう》を務めた、空海とも縁の深い人物だった。無名の空海を遣唐使へ推挙し、資金援助も行っていたと目されている。川原寺が空海に下賜されたのは、こうした関係を知ってのことだろう。長岡京・乙訓寺《おとくにでら》で憤死した早良《さわら》親王の鎮魂のために空海をそこに住まわせたのと同様に、親しかった空海に伊予親王の霊を鎮めさせたものと考えられる。

また、淳和《じゅんな》天皇は、伊予親王の供養のための法要を、

Data
高市郡明日香村川原 1109／近鉄「飛鳥駅」（または「橿原神宮前駅」）から、明日香周遊バス「川原」下車、徒歩約３分／無料（跡地に建つ「弘福寺」は別途）／Map：P6

川原寺のすぐ向かいに建つ橘寺《たちばなでら》で催し、空海が願文の執筆と導師を務めている。この法要が川原寺で行われなかったのは、伊予親王の事件の舞台となって以来、不吉なイメージが定着し、より衰退が進んでいたからかもしれない。

現在の川原寺跡は、国の史跡に指定されている。金堂跡には真言宗豊山派の寺院・弘福寺が建てられ、門前には「弘法大師ゆかりの寺」という碑も建った。広々とした原っぱのような敷地には、伽藍の基壇と礎石が復元され、当時の壮大さを伝えている。まさにこの土地で伊予親王とその母が非業の死を遂げたのかと思うと、歴史の舞台に立っていることが実感できる

益田池堤跡

ますだいけつつみあと

空海が工事を監修した
巨大溜池の堤防跡

土木技術にも明るかった空海は、弘仁十二年（八二一）に、故郷である讃岐《さぬき》平野の「満濃池《まんのういけ》」の堤防修築工事を依頼される。満濃池は堤の高さ二十二メートル、面積約八十一ヘクタールという巨大な灌漑《かんがい》用の溜池で、増水のたびに決壊を繰り返していた。このときも決壊から三年が経っても修復を完了できず、讃岐国司の清《きよ》原《はらの》夏野《なつの》は空海の知識と霊的な能力に頼り、工事を指揮し故郷の苦難を救ってくれるよう朝廷に上申した。

それを受けた空海は現地へ入り、多くの人夫を集めさせるように指示し、池に突き出た岩盤上に壇を設けて工事の完成を祈った。さらに、水圧に耐えうるように湾曲したアーチ状堰堤《えんてい》を採用、あふれた水を流す余《よ》水吐《すいば》きを設けるなどの最新技術も取り入れながら、わずか二ヶ月で工事を完成に導いた。

その四年後、天長二年（八二五）には、大和・益田池の工事にあたり、銘文を撰し揮毫《きごう》している。工事を直接指揮していないものの、空海の弟子・真円《しんえん》や、親しかった担当長官・伴国道《とものくにみち》らが現場を担当していたため、監修者として関わり、築堤技術をアドバイスしたのだろう。空海の協力を得られたことでより多くの助力が得られ、工事は短期間で終了したとされる。

益田池は高取川を堰《せ》き止めて築かれたもので、その

Data
橿原市白橿町 1-10 益田池児童公園／近鉄「橿原神宮前駅」から徒歩約 13 分／無料／ Map：P6

空海が間接的に工事に関わった益田池は「史跡 益田池堤」として、堤防の一部がそのままのこされている。堤防跡の長さは約五五メートル、高さは約八メートルあり、往時の姿を偲ばせる。また、高取川の川底からは、益田池で使用されたとみられる、巨木を刳り抜いて作った樋管（排水管）が発見されており、橿原考古学研究所附属博物館で展示されている

大きさは推定四十ヘクタール。満濃池のほぼ半分程度だったが、当時としては巨大な溜池だったことだろう。

空海の石碑の台か？
益田池を見下ろす謎の巨石

岩船《いわふね》（益田岩船）

「益田池堤跡」から南へ一・五キロほど、丘陵の頂部にある岩船（通称「益田岩船」）。東西十一メートル、南北八メートル、高さ四・七メートル。推定八百トンという花崗岩《かこうがん》製の巨石で、上部には二つ四角い孔《あな》が彫られている。

岩船が造られた目的は不明だが、古墳の横口式石槨《よこぐちしきせきかく》の未完成品という説が有力視されている。この他にも、ちょうど益田池を見下ろす位置に当たるため、空海が揮毫した「大和州益田池碑銘」の石碑のための台、天文台、儀式の祭壇など、さまざまな説があり、小説家の松本清張氏は『火の路』のなかで、ゾロアスター教の拝火台であるという説を提示している。

益田池に寄せた碑文「大和州益田池碑銘并序」の写しは、高野山に伝わっている。五色の絹二十四枚に、篆《てん》・隷《れい》・行・草・雑体の書体、さらには唐代の一時期のみ使用された則天《そくてん》文字、象形的でグラフィカルな飛《ひ》白《はく》体などの書体も交えたもので、書家の間でとくに珍重されている。

Data
橿原市白橿町／近鉄「岡寺駅」から徒歩約22分／無料／ Map：P6

かつてあった益田池を見下ろすかのような山頂にある巨石「岩船」。山道をわずか五分ほど進むと、その威容が飛び込んでくる。下から見上げると荒々しい削り跡が見られ、上から見下ろすと丁寧に直線的に加工されているのがわかる。かつてはここから周囲を見晴らすこともできたが、現在は竹林に覆われてしまっている

空海作と伝わる
日本最大の塑像の大仏を祀る

岡寺《おかでら》

明日香村の東、岡山の中腹に位置する岡寺。西国三十三ヶ所観音霊場の第七番札所として、そして厄除けの寺として篤く信仰されている。

天智《てんち》天皇の勅願により、法相《ほっそう》宗の高僧・義淵《ぎえん》僧正が創建し、弟子の行基《ぎょうき》・良弁《ろうべん》・道慈《どうじ》・玄昉《げんぼう》・道鏡《どうきょう》なども輩出した。また、法相宗の系譜においては、空海は道慈の孫弟子にあたる。

本尊の「如意輪観音《にょいりんかんのん》坐像」（重文）は、像高四・八五メートルと、塑像《そぞう》（土でできた像）としては日本最大の大きさを誇る。寺伝では、この像は空海が日本・中国・インドの三国の土によって作り、当時の本尊だった「如

西国三十三ヶ所の第七番札所として、常に巡礼者で賑わう岡寺。春先には石楠花（しゃくなげ）や牡丹、シャガが咲き誇る花のお寺としても親しまれている。空海の作と伝わる大きな本尊・如意輪観音坐像（重文）は、大らかで大陸風の雰囲気を感じさせる像容だ。これだけの大きさの像が、しかも土でできた塑像でありながら、奈良時代から現代まで大過なく伝わっていることに驚きすら感じられる

Data
高市郡明日香村岡 806 ／ 0744-54-2007 ／近鉄「飛鳥駅」（または「橿原神宮前駅」）から、明日香周遊バス「岡寺前」下車、徒歩約 10 分／ 8:00 ～ 17:00（3 月～ 11 月）、8:00 ～ 16:30（12 月～ 2 月） ／ 400 円 ／ Map：P6

意輪観世音菩薩半跏《はんか》思惟《しゆい》像」（重文）を胎内に納めて祀ったとされる。

密教伝来より以降、如意輪観音像は六臂（手が六本）で片膝を立てた像容が多いが、同像は二臂（手が二本）で結跏《けっか》趺坐《ふざ》となっている。しかし、調査の結果、当初は左足を踏み下げて坐る半跏像であったと推測されている。素材といいお姿といい、古式が感じられる像となっている。

大師堂

當麻寺《たいまでら》

當麻曼荼羅の前に参籠。いろは歌考案の伝承も

中将姫《ちゅうじょうひめ》の伝説が伝わり、姫が一夜にして織ったと伝わる「當麻曼荼羅《まんだら》」（国宝）を本尊として祀る當麻寺。創建当初は奈良仏教の学問寺院で、特に三論宗《さんろん》が盛んであったが、平安時代の初めに真言宗が、南北朝時代には浄土宗が入り、現在はこの二宗が並立している。

弘仁十四年（八二三）、當麻寺を訪れた空海は、曼荼羅堂に二十一日間参籠し、當麻曼荼羅の前で瞑想《めいそう》を続けた。それ以来、當麻寺は真言宗寺院となる。曼荼羅堂には、空海が参籠した「参籠の間」がのこっており、肖像画が描かれている。

また、すべての仮名を重複せずに使用して作った「いろは歌」（いろはにほへと ちりぬるを わかよたれそ つねならむ うゐのおくやま けふこえて あさきゆめみし ゑひもせす）は、参籠中の空海が考えたものだという伝承もある。

境内の「大師堂」。秘仏の弘法大師像が祀られている。一般公開はしていない

Data

葛城市當麻1263／中之坊：0745-48-2001、奥院：0745-48-2008など／近鉄南大阪線「当麻寺駅」より徒歩約16分／9:00～17:00／境内無料／伽藍（本堂・金堂・講堂）500円、各塔頭の拝観は別料金／Map：P7

聖なる山・二上山の麓に位置する古刹・當麻寺。創建当初からの二つの三重塔がそのまま現存している唯一の寺で、毎年5月14日に催される、二十五菩薩と観音・勢至・普賢菩薩が中将姫を極楽浄土へと導く場面を演じる「聖衆来迎練供養会式（しょうじゅう らいごう ねりくようえしき）」で知られている。『往生要集』を著した天台宗の僧・恵心僧都源信の生まれ故郷でもあり、古くから宗教的な気配が満ちていた土地だ

大和茶発祥の地。
空海が唐から伝えた茶臼も

佛隆寺《ぶつりゅうじ》

「室生寺の南門」といわれる佛隆寺。空海の高弟・堅恵《けんね》が、唐の徳宗皇帝より茶臼・茶の種子を拝受し、寺内に茶園を作って全国に普及させたことから、本堂前に「大和茶発祥伝承地」の碑が建ち、境内には野生化した丸葉の茶樹が自生している。

また、茶臼は空海が唐から持ち帰ったものとされ、側面に麒麟《きりん》を彫刻した石造りのもの。戦前・戦中は奈良国立博物館に出陳されていたが、現在は本堂で拝見できる。

「大和茶発祥伝承地」の碑

Data
宇陀市榛原赤埴 1684 ／ 0745-82-2457（宇陀市商工観光課）／近鉄「榛原駅」から、曽爾、神末、上内牧行バス「高井」下車、徒歩約 30 分／ 9:00 ～ 16:30 ／ 100 円（中学生以下は無料）／ Map：P7

嘉祥三年（八五〇）、空海の入唐にも同行したとされる高弟・堅恵の創建と伝わる。樹齢九百年を超える県内最古の桜「千年桜」や、秋の彼岸花など、花の寺としても有名だ。一九七段ある石段は「大和三名段」の一つに数えられるなど、小規模ながら見どころが多い

空海の創建。
春には大法会「釜の口れんぞ」が

長岳寺《ちょうがくじ》

天長元年（八二四）、淳和天皇の勅願により、空海が大和《おおやまと》神社の神宮寺として創建したと伝わる長岳寺。

「釜の口山」という山号から、「釜の口のお大師さま」と親しまれており、毎年四月二十一日は「釜の口れんぞ」といわれる弘法大師大法会が営まれ、大柴灯護摩《だいさいとうごま》が行われている。

日本最古の「鐘楼門」（重文）は、創建当初の姿を残しており、空海もこの下を通っていたかもしれない。

境内に立つ弘法大師修行像

大和北部八十八ヶ所霊場の札所

80番

Data
天理市柳本町508／0743-66-1051／JR桜井線「柳本駅」から徒歩約20分／9:00～17:00／350円／Map：P6

山の辺の道のほぼ中間点に位置する長岳寺。本尊の阿弥陀三尊像は、平安時代の作。玉眼を用いた最古の仏像として知られている。秋には狩野山楽による「大地獄絵」が御開帳され、住職による絵解き説法「閻魔の嘆き」が行われる。境内の見事な紅葉とともに楽しみたい

奈良盆地中央の弘法大師伝説

大和盆地の中央に位置する田原本町・広陵町の一帯には、空海の伝説が色濃く残っている。

京都・東寺と高野山を往来していた空海が立ち寄ったとされる伝承地は、県内各所に伝わっている。しかし、この一帯に共通するのは、空海が立ち寄った寺院の荒廃ぶりを嘆き、梵字をかたどった「梵字池」を掘って寺を再興した、という逸話だ。

天和元年（一六八一）の「大和名所記」には、阿字池は秦楽寺《じんらくじ》に、ばん字池は百済寺《くだらじ》に、うん字池は与楽寺《ようらくじ》にあると記されているが、資料ごとに寺名や梵字との関係は異なっている。

多分に伝承的ではあるが、大和盆地は古くから水不足に悩まされてきたこと、実際に空海がこの地を通ったと考えられることなどから、こうした逸話が生まれ、長く語り継がれてきたのだろう。

本光明寺

弘法
大師

空海が掘った「うん字池」に修行した石も

与楽寺《ようらくじ》

応安六年（一三七三）に大仏師僧・行盛が刻んだ、弘法大師坐像を本尊とする。銘のある空海像としては、元興寺《がんごうじ》が所蔵する国重文・弘法大師坐像（重文）に次ぐ古像と考えられている。

唐から帰朝後の空海が、寺の荒廃を嘆いて掘ったとされる「うん字池」は、現在は「広陵町東部農村広場」という公園に取り込まれ、憩いの場になっている。池の東縁には、一畳分ほどの大きい石が突き出ており、ここに空海が座して修行したと言い伝えられている。

大和北部八十八ヶ所霊場の札所

86番

Data

北葛城郡広陵町広瀬797／0745-56-4457／近鉄「箸尾駅」から徒歩約15分／9:00～17:00／境内無料（本堂拝観は要事前予約）／Map：P6

空海作の「ばん字池」。鎌倉時代の三重塔も

百済寺《くだらじ》

古くは「百済野」と称された土地に、鎌倉時代に建立されたと考えられる三重塔（重文）が建つ。談山《たんざん》神社から移築された「大織冠《たいしょくかん》」と呼ばれる本堂がのこるが、現在は無住。

かつては、この百済寺こそが、南都七大寺の一つであり大安寺《だいあんじ》の前身となる「百済大寺」だったと考えられていたが、現在では桜井市の吉備池廃寺《きびいけはいじ》を比定する説が有力になっている。

古色蒼然とした塔の脇には、空海が掘った三池のひとつと伝わる「ばん字池」がのこる。

大和北部八十八ヶ所霊場の札所

85番

Data

北葛城郡広陵町百済1411-2／近鉄「松塚駅」から徒歩約30分／境内無料／大和北部八十八ヶ所霊場の納経は、葛城市・當麻寺西南院へ（0745-48-2202）／Map：P6

空海ゆかりの大和三楽寺の一つ。本尊に自刻像を祀る

本光明寺《ほんこうみょうじ》

古くは天長八年（八三一）、空海の開基となる勝楽寺《しょうらくじ》と号しており、田原本町の秦《じん》楽寺《らくじ》、広陵町の与楽寺とともに、空海ゆかりの「大和三楽寺」と称された。明治七年（一八七四）に廃寺となるが、明治三十一年、本山の西大寺《さいだいじ》の仲介により、天理市櫟本にあった本光明寺を迎えて再興された。廃《はい》仏毀釈《ぶっきしゃく》の歴史を物語る寺院である。

本尊は勝楽寺で祀られていた「弘法大師坐像」（八条のお大師さん）。空海が京都・東寺と高野山を往来する途中でしばしばこの地に休泊し、その際に自らの姿を刻んだと伝わる。常に近在の人々をお助けに回って

本堂内に掲げられた勝楽寺の扁額。空海ゆかりの「大和三楽寺」の歴史を伝えている

大和北部八十八ヶ所霊場の札所

83番

Data

磯城郡田原本町千代 1159／0744-32-6960／近鉄橿原線「笠縫」駅から徒歩約 8 分／本堂拝観は要事前予約／ Map：P6

おり、今でも山門に入る姿を見たという方もいらっしゃるとか。

本堂には旧本光明寺の安置仏だった平安時代作の美仏、十一面観音立像（重文）も祀られている。

本尊「弘法大師坐像」。室町時代の作で、玉眼入りの凛とした瞳がはるか遠くまで見晴らしているかのよう。時代を超えた強い意志を感じさせる

境内には空海ゆかりの「ばん字池」がのこされている

湧き続ける弘法井戸。「善女竜王図」の写しも

楽田寺《らくでんじ》

天平年間（七二九〜七四九）の創建とも伝わる古刹。もとは真言宗だったが、江戸時代に融通念仏宗《ゆうずうねんぶつしゅう》に改宗している。山門すぐ右手の「弘法井戸」は、空海が高野山への道中、干魃《かんばつ》に苦しんでいた村人のために掘ったとされるもので、今でも涸れずに水が湧き出している。

寺宝の「善女竜王《ぜんにょりゅうおう》図」は室町時代の作。逆さに吊るして雨乞い祈願に用いられたため、上部に松明の火で焼けた跡がのこる。竜王が雷神・雨神をともない、上に十一面観音像、下には弘法大師坐像を配している。

弘法井戸（右）
平成十二年に修理された「弘法井戸」。田村一博氏（元金沢美術工芸大学助教授）が制作した、四体の仏さまが取り囲んでいる

善女竜王図（左）
県指定文化財「善女竜王図」の写し。布に印刷したもので大きさに驚かされる

Data
磯城郡田原本町堺町 430／0744-32-2901（田原本町役場）（拝観は事前予約が必要）／近鉄橿原線「田原本」駅から徒歩約 10 分／Map：P6

空海が満嶋の弁財天を勧請。本堂に美仏を祀る

大福寺《だいふくじ》

聖徳太子の建立と伝わり、空海が満嶋の弁財天（天河大辨財天社）を勧請したことにより「満嶋山」の山号となった。境内の大師堂には弘法大師坐像を祀る。江戸時代には三十石が下付され、徳川家康から家茂までの歴代将軍の朱印状がのこされている。右手に錫杖《しゃくじょう》、左手に水瓶をとる長谷寺《はせでら》式の十一面観音立像を本堂に祀り、左に難陀《なんだ》竜王像、右に雨宝童子《うほうどうじ》像を脇侍《きょうじ》とする。永禄三年（一五六〇）の造立で、彩色せず木肌を活かした美仏として知られる。

空海の弁財天勧請を記した「箸尾満嶋弁財天瑞夢記」。貴重な寺宝も伝わっている（上）

毎月21日に開扉される大師堂。お堂の前には「四国八十八ヶ所霊石めぐり」も（右）

Data
北葛城郡広陵町的場80／0745-56-5484（本堂拝観は要事前予約）／近鉄「箸尾駅」から徒歩約10分／拝観料金 志納／Map：P6

四、奈良南部の縁の地

古くから修験道の聖地とされ、山岳修行者が集っていた吉野・大峯《おおみね》。この山中にも、若き日の空海の熱意が色濃く感じられる。

空海の言葉を集めた『性霊集《しょうりょうしゅう》』には、「空海少年ノ日、好ノンデ山水ヲ渉覧《しょうらん》ス、吉野ヨリ南行スルコト一日、更ニ西ニ向ッテ去ルコト両日程、平原幽地アリ、名ヲ高野ト曰フ」とある。若き日の空海が吉野大峯の山中で修行し、高野山に至るルートを驚くほどのスピードで歩いていたことが伝えられている。

華やかな都で大学寮に通い、おそらくはその退屈な生活に飽いた青年時代には、厳しい山岳修行

に打ち込むことが救いとなったことだろう。風雨に打たれながら山中を飛ぶように歩き、洞窟では木の実や野草をかじり、わずかばかりの仮眠をとり、また険しい断崖絶壁をよじ登っていく。そんな姿が思い浮かぶ。

また、二十四歳で仏教の道へと進むことをきっぱりと宣言した後の、いわゆる「空白の七年」と呼ばれる時代にも、さらに、四十三歳で高野山を賜りここに密教の聖地を築こうとしていた時代にも、何度も足を向けていたことは間違いない。

はっきりとした記録は少ないものの、吉野大峯エリアは、空海が密教思想を確立するためには欠かせない行場となっており、高野山と仏都・大和、そして時の都・平安京を結ぶ街道筋には、空海ゆかりの社寺や場所が多数みられる。現代に息づく空海の鼓動をたどるように歩いてみたい。

荒神社

修行中に密教「阿字観」を完成させた霊地

天河大辧財天社《てんかわだいべんざいてんしゃ》（天河神社）

役行者《えんのぎょうじゃ》が開いた古社。大峯修験の中心的な行場とされ、古くから高僧や修験者が集まった天河大辨財天社。若き日の空海も大峯山中に入り、山岳修行を行ったとされる。高野山の開山に先立っても、弁財天を祀る妙音院求聞持堂《みょうおんいんぐもんじどう》を建てて修行し、ここで神仏習合の密教「阿字観《あじかん》」を完成させた。

神社には、空海が唐から持ち帰ったとされる密教宝具「五鈷鈴」や、空海の書と伝わる「般若心経」など、ゆかりの品がのこされている。

大峯参り、高野詣とあわせ、空海の遺徳を偲ぶ人々の参拝が絶えない。

拝殿。正面には能舞台も設けられている

Data
吉野郡天川村坪内 107／0747-63-0558／近鉄「下市口駅」から、中庵住行きバス「天河大弁財天社」下車すぐ／7:00～17:00／境内無料／Map：P7

日本三大弁財天の一つに数えられる天河大辨財天社。芸能の神としても知られる市杵島姫命（いちきしまひめのみこと）を祀る。近年ではパワースポットとして有名になり、遠方からの参拝客も多い。本殿に祀られる弁財天像は通常非公開。毎年 7 月 16 日・17 日に執り行われる例大祭にのみ御開帳され、能楽やアーティストの演奏なども奉納される

来迎院《らいごういん》

空海が植えた樹齢約七〇〇年以上の大銀杏

天河大辨財天社の塔頭の一つだった来迎院。鳥居の真向かいに建つ小さな本堂の脇には、天河大辨財天社に参籠《さんろう》した際に空海自らが植えたとされる、樹齢約七〇〇年以上の大銀杏が立つ。幹の直径は二メートルを超え、秋の紅葉時期には一面を黄色く染める。

境内には、空海が大峯山中での修行によって完成させた神仏習合の密教「阿字観」の碑が建つ。

天河大辨財天社のすぐ向かいに建つ。小さな本堂の脇に、銀杏の巨木がそびえる姿は圧巻。秋には黄葉した銀杏の葉で境内が黄色く染まる。春にはしだれ桜も咲く

Data
吉野郡天川村坪内107／0747-63-0999（天川村総合案内所）／近鉄「下市口駅」から、中庵住行きバス「天河大弁財天社」下車すぐ（天河大辨財天社からすぐ）／境内無料／Map：P7

空海を追った弁財天が留まったと伝わる地

野川弁財天《のかわべんざいてん》

拝殿から長い石段を上ると、春日造りの本殿が。愛嬌のある獅子狛犬も見どころだ。「高野・大峯スズカケライン道のオアシス弁天」という無料施設に隣接している。今も昔も、街道筋のちょうど休憩したくなる場所であることに変わりはないようだ

「野川の弁天さん」として親しまれる古社。空海が天川村の弁財天を勧請して創建された。空海が持ちだしてしまった「水の珠」を追って弁財天がこの地までやってきたという、ユニークな創建の逸話ものこされている。

高野山には七つの上り口があり、そのすべてで弁財天が祀られている。野川弁財天はその東口にあたり、大峯へ向かう際にしばしば参籠したとされる。境内の妙音院の本尊「大弁財天女像」も空海作と伝わっている。

Data
吉野郡野迫川村柞原323／0747-37-2150（野川弁才天妙音院）／高野山ケーブル「高野山駅」から車で約45分／境内無料／Map：P7

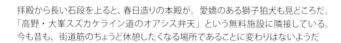

空海が毎月参拝した「高野山の奥社」

荒神社《こうじんしゃ》（立里荒神）

荒神ヶ岳の山頂に鎮座し、祭神は火産霊神《ほむすびのかみ》。日本三大荒神の一つで、通称「立里《たてり》の荒神さん」として親しまれている。弘仁七年（八一六）、空海が高野山に大伽藍《だいがらん》を開基するにあたって、一枚の板に三宝荒神《さんぽうこうじん》の御像を描いて本尊とし、十七日間荒神を祀った。壇上の鬼門にも荒神を勧請したことによって、高野山の大伽藍が無事に完成したことから、「高野山の奥社」とも呼ばれている。

三宝荒神は、神道・密教・山岳信仰などの要素が合わさって生まれた。不浄を取り除く「火とかまどの神」とされており、調理人や商業を営む人などから篤く信仰されている。

長い石段にそって連続する鳥居

Data
吉野郡野迫川村池津川／0747-37-2001／南海高野ケーブル「高野山駅」から、立里行きバス「立里荒神」下車すぐ／境内無料／Map：P7

高野山からも程近い、吉野郡野迫川村に鎮座する荒神社。鬱蒼とした木立に囲まれた長い石段にそって、奉納された鳥居がずらりと連なる様子は圧巻。信仰の篤さが感じられる。御神木を切らないで済むように本殿の軒を円形に刳り抜いて通すなど、自然と寄り添っていることが伝わってくる

空海と高野山の地主神・狩場明神の出会いの地

轉法輪寺《てんぽうりんじ》

弘仁七年（八一六）、空海は唐から投げた「三鈷杵《さんこしょ》」の落下地点を探して、大和国宇智郡（現在の五條市）を訪れた。そこで出会った猟師から白黒二匹の犬を貸し与えられ、目指していた高野山へと導かれた。この猟師は高野山の地主神「高野御子大神《たかのみこのおおかみ》（狩場明神《かりばみょうじん》）」であり、後に出会った場所に建立した寺が轉法輪寺の始まりとされる。

弘法大師像を本尊として祀り、境内に並ぶ狩場明神社・丹生都比売《にうつひめ》明神社の前には、白と黒の犬の像も。境内の大師塚古墳には、日本最初期といわれる御宝号「南無大師遍照金剛《なむだいしへんじょうこんごう》」が刻まれた碑も建つ。

空海が出会った狩場明神が連れていた白黒の二匹の犬の像。
その間には足跡がついているとされる霊石がある

Data
五條市犬飼町124／0747-22-4403／JR和歌山線「大和二見駅」から徒歩約10分／8:00～16:00／本堂の拝観は要問い合わせ（拝観料は志納）／Map：P7

空海と高野山の地主神・狩場明神が出会った場所に建立された轉法輪寺。高野山開創の重要なポイントとなった場所だ。本堂前には修行大師像が立ち、大師像を御本尊として祀っている。通りの多い国道沿いにありながら、ここだけは高野山と強く結ばれている霊地であることが感じられるようだ

空海が霊木に
普賢延命菩薩像を刻んで安置

常覺寺《じょうかくじ》

五條市西吉野町の黒淵地区に位置する常覺寺。御本尊の普賢延命菩薩坐像はずっと秘仏とされてきたが、時流を鑑みて常時拝観可能となった。小さな集落におわす霊験あらたかな尊像で、大和の国の仏教的な豊穣さが感じられる

空海が刻んだとされる、二十本の手を持つ普賢延命《ふげんえんめい》菩薩《ぼさつ》坐像（重文）を祀る常覺寺。「賀名生《あのう》のふげんさん」として親しまれている。弘仁二年（八一一）、高野山から大峰山に参籠する際、この地で夕刻を迎えたが、民家のひとつも見つからなかった。すると、不思議な光明を放つ一本の老大樹を見つけ、この下で瞑想したところ、普賢延命菩薩が姿を現した。その姿をこの霊木に刻み、堂宇を建立して祀ったと伝わっている。

普賢延命菩薩坐像
（画像提供：常覺寺）

Data
五條市西吉野町黒淵 1321 ／ 0747-32-0129 ／ JR「五条駅」から十津川方面行きバス約 30 分、「黒渕口」下車、徒歩約 10 分／ Map：P7

大きな地蔵菩薩の胎内に
空海作の小地蔵を安置

生蓮寺《しょうれんじ》

本堂の天井まで届かんばかりの、像高三メートルを超える本尊・地蔵菩薩坐像を祀る生蓮寺。嵯峨天皇の皇后が懐妊し、安産祈願のために小野篁《おののたかむら》に命じて地蔵尊を安置したのが始まりと伝わる。

空海は高野山開創の際に立ち寄り、一尺八寸の小地蔵を彫って本尊の胎内に安置した。山号の「寄足山《よらせざん》」は、この縁起から名づけられている。

五條市二見の町中に位置し、晴れ乞い・雨乞い・子安安産の祈願所として篤く信仰されてきた。御本尊の地蔵菩薩坐像は大仏と呼べるほどの大きさで、おおらかな表情で暖かく見守ってくれるようだ。境内いっぱいに蓮が栽培されており、初夏には美しく咲き誇る（画像提供：生蓮寺）

Data
五條市二見 7-4-7 ／ 0747-22-2218 ／ JR 和歌山線「大和二見駅」から徒歩約 7 分 ／ 9:00 ～ 17:00 ／拝観無料／ Map：P7

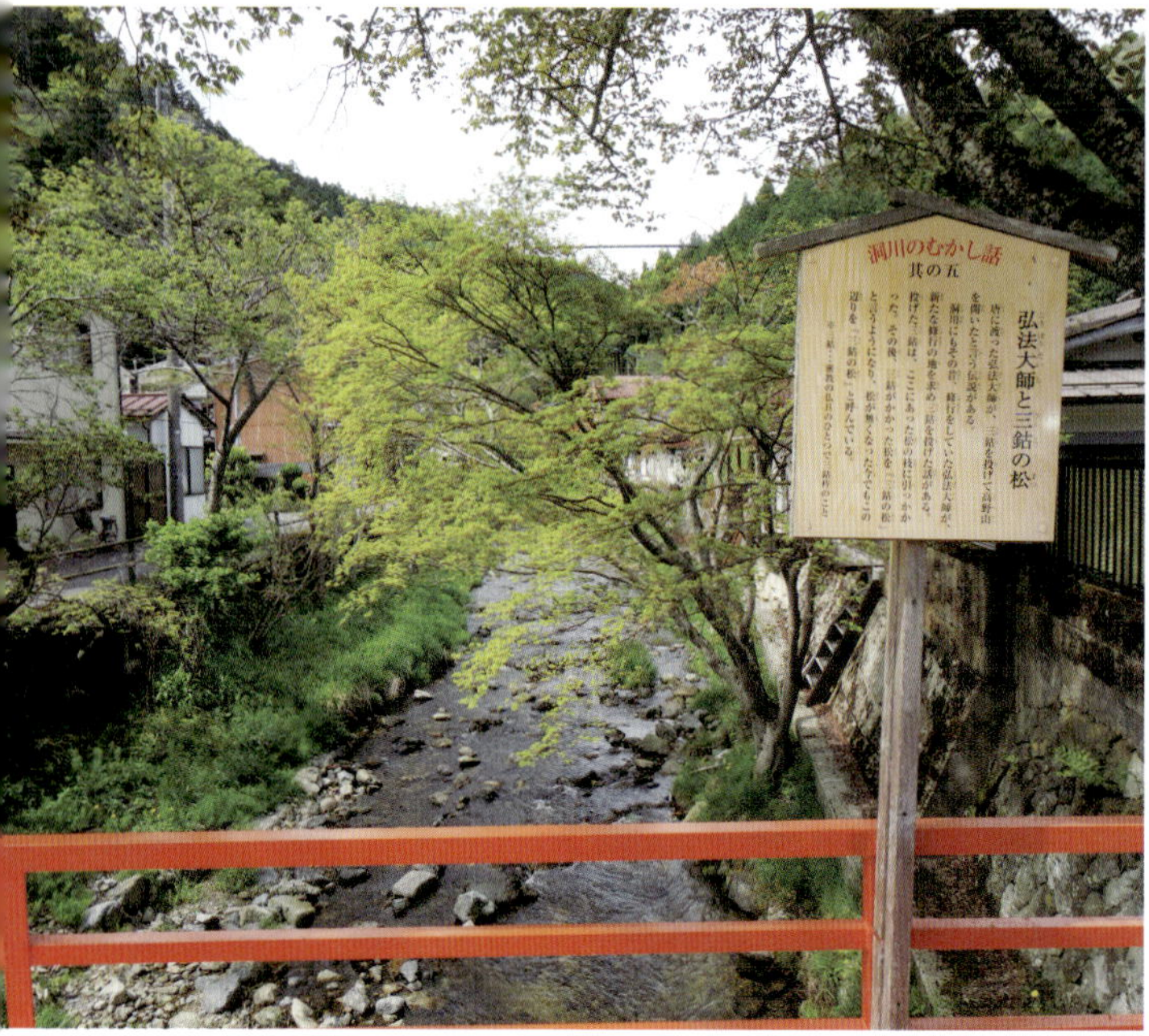

修行地を探す空海が投げた
三鈷が届いた場所

三鈷の松《さんこのまつ》

大峯で修行していた空海が、新たな修行地となる「千の尾根と谷」がある場所を求めて三鈷杵を投じたところ、洞川の小泉川の辺りの松に引っかかった。しかし、当時そこには「九百九十九の尾根と谷」しかなく、もう一度投げたところ、現在の高野山・奥之院に届いたと伝わる。

その松は「三鈷の松」と呼ばれるようになり、すでに松が無くなった現在も、その呼び名がのこっている。

Data
吉野郡天川村洞川／0747-63-0999（天川村総合案内所）／近鉄「下市口駅」から、洞川温泉行きバス「洞川温泉」下車、徒歩約15分／無料／Map：P7

若き空海も吉野～高野山を歩いたであろう道

すずかけの道

（大峯高野街道《おおみねこうやかいどう》）

大峰山と高野山を結ぶ「すずかけの道（大峯高野街道）」。役行者の時代にはすでに開かれており、山岳修行を行う修験者はもとより、近年まで一般の巡礼者たちも行き交っていた祈りの道だ。

『性霊集』には「空海少年ノ日、好ノンデ山水ヲ渉覧ス、吉野ヨリ南行スルコト一日、更ニ西ニ向ッテ去ルコト両日程、平原幽地アリ、名ヲ高野ト曰フ」とある。若き日の空海が吉野大峯の山中で修行を積んだ際に、このルートを歩いたこともあっただろう。ゆかりの土地や物がいくつものこされている。

また、近年の「弘法大師　吉野・高野の道プロジェクト」によって、空海が歩いた修行の道「空海の道」が確定している。こちらは険しい山道となるが、山中に空海の気配を感じながら歩くことができるだろう。

歴史ある信仰の道。弘法大師伝承の史跡があちらこちらにのこっている
（画像提供：吉野大峯・高野観光圏協議会）

Data
天川村・五條市大塔町・野迫川村などを通る。空海ゆかりの天河大弁財天社、野川弁財天や小さな辻の地蔵や石仏が各所にのこされている／ Map：P7

江戸時代中期に制定された
空海ゆかりの巡拝霊場

大和北部八十八ヶ所霊場《やまとほくぶはちじゅうはちかしょれいじょう》

大和北部八十八ヶ所霊場とは、今から約二五〇年ほど前、江戸時代中期の明和年間（一七六四〜一七七二）に制定された巡拝霊場だ。奈良市内を中心に、北は生駒市、南は橿原市と桜井市、東は宇陀市までをふくむ、大和の北部地域を対象としている。

八十八ヶ所の札所に加えて、三ヶ所の別格霊場、三ヶ所の番外、一ヶ所の奥の院、計九十五の霊場がある。大和の名刹はほぼ網羅しており、一般的にはあまり名前の知られていない小規模寺院も名を連ねている。廃寺や合併などにともない入れ替えが行われてきたようだが、すでに消滅したり無住となるなど、欠番に近い札所もあり、完全な満願は不可能となっている。

大和北部八十八ヶ所霊場の第一番・二番霊場は大安寺で、霊場リストの配布や朱印帳の頒布なども行っている。まずは大安寺を訪れて資料を手に入れてみるといいだろう。歴史ある大和の霊場だけに、苦労しながらでも巡拝してみる価値はあるはずだ

大和北部八十八ヶ所霊場リスト

第1番 大安寺 奈良市（26頁）
第2番 大安寺嘶堂 奈良市
第3番 西光院 奈良市
第4番 徳融寺 奈良市
第5番 元興寺塔跡 奈良市
第6番 十輪院 奈良市（38頁）
第7番 福智院 奈良市
第8番 新薬師寺 奈良市
第9番 元興寺極楽坊 奈良市（34頁）
第10番 伝香寺 奈良市
第11番 圓證寺 生駒市
第12番 真言院 奈良市（30頁）
第13番 崇徳寺 奈良市
第14番 空海寺 奈良市（40頁）
第15番 般若寺 奈良市
第16番 高林寺 奈良市
第17番 大森大師（廃寺） 奈良市
第18番 不退寺 奈良市
第19番 海龍王寺 奈良市（36頁）
第20番 円福寺 奈良市
第21番 安楽寺 奈良市
第22番 賢聖院 大和郡山市
第23番 常光寺 奈良市
第24番 西大寺 奈良市（91頁）

第25番 喜光寺 奈良市
第26番 唐招提寺 奈良市
第27番 唐招提寺奥院 奈良市
第28番 往生院 生駒市
第29番 極楽寺 奈良市
第30番 愛染堂（廃寺） 大和郡山市
第31番 霊山寺 奈良市
第32番 霊山寺地蔵院 奈良市
第33番 根聖院 奈良市
第34番 宝山寺 生駒市（42頁）
第35番 教弘寺 生駒市
第36番 円福寺 生駒市
第37番 竹林寺 生駒市
第38番 宝幢寺 生駒市
第39番 千光寺 生駒郡平群町
第40番 金勝寺 生駒郡平群町
第41番 平隆寺 生駒郡三郷町
第42番 東光寺 生駒郡平群町
第43番 長楽寺 生駒郡平群町
第44番 地蔵寺 生駒郡平群町
第45番 多聞院 生駒郡平群町
第46番 朝護孫子寺 生駒郡平群町
第47番 持聖院 生駒郡三郷町
第48番 融念寺 生駒郡斑鳩町

第49番 薬師寺 奈良市
第50番 法隆寺北室院 生駒郡斑鳩町
第51番 法隆寺西圓堂 生駒郡斑鳩町
第52番 法起寺 生駒郡斑鳩町
第53番 法輪寺 生駒郡斑鳩町
第54番 松尾寺 大和郡山市
第55番 矢田寺 大和郡山市（89頁）
第56番 矢田寺観音堂 大和郡山市（89頁）
第57番 阿弥陀院 大和郡山市（94頁）
第58番 釈尊寺 大和郡山市
第59番 薬園寺 大和郡山市
第60番 誕生寺 奈良市
第61番 春岳院 大和郡山市
第62番 十三鐘菩提院 奈良市
第63番 白毫寺 奈良市
第64番 光明院大師堂 大和郡山市
第65番 正福寺 大和郡山市
第66番 大野寺 宇陀市
第67番 龍象寺 奈良市
第68番 帯解寺 奈良市
第69番 円満寺 奈良市
第70番 満願寺 奈良市
第71番 東光寺 桜井市
第72番 極楽寺 奈良市

第73番 正暦寺 奈良市
第74番 弘仁寺 奈良市（41頁）
第75番 霊仙寺 天理市
第76番 聖林寺 桜井市
第77番 不空院 奈良市
第78番 地蔵寺 大和郡山市
第79番 観音寺 橿原市
第80番 長岳寺 天理市（62頁）
第81番 平等寺 桜井市
第82番 文殊院 桜井市
第83番 本光明寺 磯城郡田原本町（68頁）
第84番 秦楽寺 磯城郡田原本町
第85番 百済寺 北葛城郡広陵町（67頁）
第86番 与楽寺 北葛城郡広陵町（66頁）
第87番 額安寺 大和郡山市
第88番 久米寺 橿原市（46頁）
番外 戒壇院 奈良市
番外 慈光院 大和郡山市
番外 観泉寺 生駒市
別格 法華寺 奈良市
別格 中宮寺 生駒郡斑鳩町
別格 圓照寺 奈良市
奥の院 室生寺 宇陀市（49頁）

紫陽花の名所・矢田寺裏山に
整備されたミニ霊場

矢田寺八十八ヶ所霊場巡り《やたでらはちじゅうはちかしょれいじょうめぐり》

アジサイの名所として知られる矢田寺（金剛山寺）の裏山には、四国八十八ヶ所霊場を模したミニ遍路道「矢田寺八十八ヶ所霊場巡り」が整備されている。

大正十五年（一九二六）に造られたものの、戦後からすっかり荒れ果てていたが、地元で保存会が発足。地道に整備を続け、美しく生まれ変わった。

山道には一番札所から八十八番札所までの各寺の本尊に加え、空海の姿を模したものなど、約二百体が点在する。新緑や紅葉、大和盆地の展望を楽しみながら、二時間ほどのハイキング気分でまわることができる。

矢田丘陵の中腹に位置する矢田寺（金剛山寺）は、紫陽花の寺として知られている。壬申の乱の戦勝祈願のため矢田山に登った大海人皇子（おおあまのみこ・後の天武天皇）の勅願寺と伝わり、弘仁年間に地蔵菩薩が安置されてから地蔵信仰の中心地として栄えた。右手の親指と人差し指を結んだ「矢田型地蔵」と呼ばれる形で、梅雨時には紫陽花と地蔵尊の美しい光景が見られる

大和北部八十八ヶ所霊場の札所

55番　矢田寺
56番　観音堂

Data
大和郡山市矢田町3549／0743-53-1445／近鉄「郡山駅」から、矢田寺行きバス「矢田寺」下車、徒歩約5分／8:30～17:00／境内無料／6月上旬～7月上旬のみ有料500円／Map：P7

五、空海ゆかりの行事

空海が入定した四月二十一日、生誕した六月十五日など、奈良県内各地で法要が執り行われている。その一つには、大和郡山市番条町の集落で催される、各家庭の玄関前に弘法大師像を出開帳する「番条のお大師さん」という珍しいものも。参列すれば人々がお大師さんを慕う気持ちが強く感じられるだろう。

西大寺
初大師供《さいだいじ　はつだいしく》

真言律宗総本山の西大寺。空海の月命日となる毎月二十一日に「弘法大師御影《みえ》供《く》」が執り行われている。年初の一月二十一日は「初大師供」となり、境内の弘法大師坐像（石像）を祀る「大師堂」で護摩祈祷《ごまきとう》が催される。法要終了後には甘酒の振る舞いもあり、冬空で冷えた体に染み入るようだ。古都・奈良でも、弘法大師への素朴な信仰がずっと生き続けていることを実感できるだろう。

1月21日14:00～

※毎月21日に御影供が行われている

Data
奈良市西大寺芝町1-1-5／0742-45-4700／近鉄大和西大寺駅から徒歩約3分／9:00～16:30（※受付は16:00まで）、聚宝館は1/15～2/4、4/20～5/10、10/25～11/15のみ開館／本堂　一般・大学生400円／四王堂・愛染堂・聚宝館 各中学生以上300円／※四堂の共通券　1,000円聚宝館閉館時は800円／Map：P6

東大寺二月堂《とうだいじにがつどう》
お水取り《おみずとり》

［十一面悔過法会（修二会）］

天平勝宝四年（七五二）に実忠《じっちゅう》和尚によって始められて以来、一度も途切れず続けられている不退の行法「修二会」（お水取り）。二月堂の本尊十一面観音に、精進潔斎した「練行衆《れんぎょうしゅう》」が万民に代わって過去の罪を懺悔《さんげ》し、その功徳により鎮護国家、天下泰安、風雨順時、五穀豊穣、万民快楽などを祈る行事だ。

空海が生まれた宝亀五年（七七四）よりも早く始まっているが、空海が唐より帰朝し、東大寺に純密をもたらして以来、密教の要素が採り入れられてきた。練行衆の中でも重要な職分となる「咒師《しゅし》」の「咒」は「呪」と同じ意味で、「仏の秘密のことば」という意味を表す密教の象徴的な文字であり、空海の影響が考えられるとされる。

毎年3月1日～15日に催される東大寺二月堂のお水取り。大和に春を呼ぶ行事とも呼ばれ、連日たくさんの参拝客で賑わう。

3月1日～3月15日

※お松明は14日まで

Data

奈良市雑司町406-1／0742-22-5511／近鉄奈良駅から徒歩約20分／8:00～16:30（11月～2月）、8:00～17:00（3月）、7:30～17:30（4月～9月）、7:30～17:00（10月）境内無料／大仏殿・法華堂・戒壇堂 各500円／Map：P6

番条のお大師さん《ばんじょうのおだいしさん》

［番条八十八ヶ所詣り］

4月21日、番条町の各家庭の軒先に、各家庭で祀られていた弘法大師像が一斉に出開帳する

空海が入定《にゅうじょう》した四月二十一日、大和郡山市の環濠集落・番条町で催される「番条のお大師さん」。集落内の各家庭で祀られている弘法大師像を玄関先で出開帳し、参拝者が一軒ごとにお詣りしていくと、一日で四国霊場のように八十八箇所めぐりができるようになっている。

家々では、当日朝から玄関先に色とりどりの風呂敷や布を敷いた祭壇をしつらえ、像高八センチほどの大師像を祀る。厨子《ずし》には四国八十八ヶ所霊場の寺院名と札所番号、御詠歌が朱書きされている。春らしくたけのこや煮物、乾物やお菓子などが供えられ、その内容

4月21日

Data
大和郡山市番条町／近鉄橿原線「筒井駅」から徒歩約25分／Map：P7

は各家庭それぞれだ。お供えの白餅やヨモギ餅は、お参りの人々が持ち帰られる「オセッタイ（お接待）」用のもので、日に何度も補充されている。

集落北側の一番札所から始まり、お詣りしながら次第に南へ移動していく。集落の真ん中ほどには大師堂が、南に真言宗寺院・阿弥陀院が建つ。現在は八十軒あまりとなっており、集落から転出する家は、阿弥陀院や親戚の家に大師像を預けていくため、一軒で複数の大師像をお祀りするところもある。

昭和八年（一九三三）に残された由来書によれば、江戸時代末期の文政十三年（一八三〇）にコレラが流行した際に、集落内で申し合わせ、弘法大師を信仰することになった。四国八十八カ所を巡礼した際に、ある寺で弘法大師像を譲り受けて持ちかえったことがきっかけとなり、ちょうど八十八軒の家があったため、各家庭に弘法大師像を祀るようになったとある。

境内の石仏を巡るミニ巡礼は全国的に見られるが、

厨子には四国八十八カ所霊場の寺院名、札所番号、御詠歌が。集落内で一日で八十八カ所めぐりができる

こうした一日だけの出開帳を行うのは珍しい。遠方から訪れる人も多く、普段は静かな集落がこの日はお大師さんおご縁で賑わう。

笈摺姿の巡礼者の姿も。普段は静かな集落も、この日は全国からの熱心な参拝者が行き交う

弘法大師像はわずか８センチほど。愛らしい姿に参拝者も思わず表情が緩んで笑顔になる（右上）

供え物や祭壇などは各家庭によってさまざま。代々使用しているもの、簡素なテーブルなど、いろんなタイプがある（左上）

阿弥陀院。集落を離れた家庭から像が預けられるため、本堂で六体を祀っている（左下）

大安寺《だいあんじ》 弘法大師正御影供《こうぼうだいししょうみえく》

空海入定の日に行われる法会。本堂には、室町時代に描かれた空海の御影が掲げられ、その前には色鮮やかな御神供が供えられる。回廊《かいろう》部分では、四国八十八カ所のお砂踏みもあり、境内では大護摩祈祷と火渡りが催される。

この日だけ一般公開される空海の「御遺髪」は、槙尾山《まきおさん》で大安寺僧・勤操《ごんぞう》によって剃髪されたもの。母方の阿刀《あと》氏に代々伝わっていたが、大安寺に奉納された。頭頂部の髪「首羅髪《しゅらはつ》」と伝わる。

4月21日 13:00 ～

※東大寺真言院・西大寺・聖林寺・長谷寺・室生寺などでも催される

Data

奈良市大安寺2-18-1／0742-61-6312／JR奈良駅から車で約8分／9:00～17:00　※受付は16:00まで／本堂・収蔵庫 400円／Map：P6

空海と縁の深い大安寺では、年に数回、その高徳を偲ぶ法要が催される。入定の日となる4月21日の正御影供はもっとも規模の大きいもので、多数の信徒が熱心に手を合わせる。火渡りに参加すると、御神供などが授与されるのも有り難い

長岳寺《ちょうがくじ》
釜の口れんぞ《かまのくちれんぞ》弘法大師大法会

古道・山の辺の道に位置する長岳寺（山号：釜の口）で、空海入定の四月二十一日に営まれる法会「弘法大師大法会」。本堂前では修験者たちによって、行者問答・法弓作法・法斧作法などが営まれる。大柴灯《だいさいとう》護摩《ごま》で火が灯されると噴煙と炎が上空まで立ち上り、願い事が書かれた護摩木が次々に投げ込まれていく。

奈良盆地では、田植えが始まる前に一日だけ農休みの日を定め、村全体で楽しむ「レンゾ」という風習があった。4月21日に長岳寺で催される空海入定の法要はこれと結びつき、親しみを込めて「釜の口れんぞ」と呼ばれている（画像提供：天理市）

4月21日 14:00 ～

Data

天理市柳本町508／0743-66-1051／JR桜井線「柳本駅」から徒歩約20分／9:00～17:00／350円／Map：P6

大安寺《だいあんじ》
青葉祭《あおばさい》
弘法大師誕生会《こうぼうだいしたんじょうえ》

空海の誕生日とされる六月十五日に催される法要。本堂に、人間国宝・鹿児島寿蔵氏の手による、高野紙製の愛らしい稚児《ちご》大師像を祀る。僧侶と参列者の読経の後、ブロンズ製の大師像に甘茶をかけ、誕生を祝う。法要後は、参列者にも甘茶が振る舞われる。

空海の生誕の日は厳密には不明だが、密教の大成者である中国の僧・不空三蔵の入滅の日であり、空海が不空の生まれ変わりという伝承から、6月15日に催されている。釈迦の誕生を祝う灌仏会（かんぶつえ）で誕生仏に甘茶をかけて祝う風習があるが、空海も同様に祝われているのが興味深い

6月15日 14:00 ～

Data

奈良市大安寺2-18-1／0742-61-6312／JR奈良駅から車で約8分／9:00～17:00（受付は16:00まで）／本堂・収蔵庫 400円／Map：P6

コラム

南都密教の先駆者たち

空海が唐より密教（純密）を持ち帰る前から、「金《こん》光明経《こうみょうきょう》」「孔雀明王経《くじゃくみょうおうきょう》」などの密教経典は日本に伝わっており、初期密教（雑密）は奈良の大寺院でも学ばれていた。

奈良時代の中期は、大仏の造立や国分寺《こくぶんじ》の創設など、華やかな天平文化が花開いた。しかし、それは同時に、長屋王《ながやおう》の変、藤原広嗣《ひろつぐ》の乱、橘奈良麻呂《たちばなのならまろ》の乱、藤原仲麻呂《なかまろ》の乱など、権力闘争と陰謀が横行した時代でもあった。恨みを抱きながら死んでいった者たちは怨霊となり、為政者たちを悩ませた。

このような時代だったからこそ、「呪《しゅ》」を唱えることで、対象に何らかの力を及ぼすことができると信じられた密教が強く求められた。若き日の山林修行で呪術力を鍛えた僧侶たちは、貴族の病気平癒はもちろん、悪霊祓いや雨乞いなどの国家儀礼でも験《げん》力《りき》を発揮し、次第に浸透していった。

こうした雑密を用いた先駆者たちの活躍は、空海がもたらした理論が熱狂的に受け入れられる下地となっていたといえる。

役行者《えんのぎょうじゃ》

［伝634〜伝701］

本名は役小角《えんのおづぬ》。大和国葛城《かつらぎ》上郡茅原（現在の御所市茅原）の生まれで、飛鳥時代から奈良時代に実在した呪術者。元興寺《がんごうじ》で呪法を学んだ後、葛城山や熊野《くまの》、大峯《おおみね》で山岳修行を行い、吉野・金峯山《きんぷせん》で金剛蔵王大権現《こんごうざおうだいごんげん》を感得。修験道の基礎を築いた。

密教経典『孔雀明王経《くじゃくみょうおうきょう》』を修し、孔雀明王の呪文を用いて鬼神を操り、空を飛んだなど、後の時代にさまざまな伝説が語られるようになった。

日本古来からの山への信仰を下地とし、理論的な裏付けよりも実践が重視された山岳信仰が、初期密教と結びつくことで修験道へと発展していった。まさにその先駆者となった人物である。

道慈《どうじ》

［?〜744］

奈良時代の三論宗の僧。大宝二年（七〇二）に入唐。滞在中に同じ西明寺に止宿《ししゅく》したインド密教僧・善無畏《ぜんむい》から密教の教えを受け、彼が訳出した『虚空蔵菩薩求聞持法《こくうぞうぼさつぐもんじほう》』を得た。養老二年（七一八）に帰国した際に『金光明最勝王経《こんこうみょうさいしょうおうきょう》』も伝えたとされ、南都の僧侶や山岳修行者の間に、求聞持法が流行するきっかけとなった。

天平元年（七二九）には律師に任ぜられ、藤原四兄弟（武智麻呂《むちまろ》・房前《ふささき》・宇合《うまかい》・麻呂《まろ》）を死に至らしめた疫病が蔓延《まんえん》した際には、天下の平安を祈る「大安寺大般若経転読会」を始めた。

勤操《ごんぞう》

[754~827]

奈良時代後期から平安時代前期の三論宗の僧。大安寺で信霊・善議に三論教学を学び、弘福寺《ぐふくじ》(川原寺《かわらでら》)別当、東寺別当、造営中であった西寺の別当などを歴任し、天長三年(八二六)大僧都《だいそうづ》を任ぜられた。

和泉の槇尾山《まきおさん》にて若き日の空海を出家させた剃《てい》髪《はつ》の師であり、『虚空蔵菩薩求聞持法』を授けた人物とも伝わる(大安寺僧・戒明《かいみょう》の説も)。無名だった空海が遣唐使に選ばれたのも、勤操の力添えがあった可能性が考えられる。

天台宗の最澄《さいちょう》とも交流が深く、後に両者から灌《かん》頂《ちょう》を受けるなど、日本の仏教界に大きな影響を与えた人物だ。

大安寺

玄昉《げんぼう》

［?〜746］

空海の母方、阿刀《あと》氏出身。岡寺の義淵《ぎえん》に法相《ほっそう》を学び、霊亀二年（七一六）に渡唐。玄宗皇帝より高僧のみに許された紫衣を賜り、十八年の在唐の後、天平六年（七三四）に帰国。下賜された一切《いっさい》経《きょう》五千余巻とその総目録を日本へ持ち帰り、仏教界に多大な影響を与えた。

聖武《しょうむ》天皇の母・藤原宮子の病気を回復させたことから信任を得、吉備真備《きびのまきび》とともに橘諸兄《たちばなのもろえ》政権の中心を担う。しかし、藤原仲麻呂の権力が大きくなると左遷《させん》され、任地で没したことから、後の時代に奇怪な伝説が流布するようになる。

千巻写経を推奨するなど、初期密教の普及に尽力。光明《こうみょう》皇后の発願で建立された「海龍王寺」の初代住持だったとも伝わっている。

道鏡《どうきょう》

［700〜772］

岡寺の高僧・義淵の弟子となり、その学識によって内道場まで出仕した。葛城山などでの山林修行によって験力《げんりき》を得、密教系の経典をもって占星術や病気平癒の呪術を駆使したとされる。天平宝字五年（七六一）に、時の上皇であった孝謙《こうけん》上皇（後の称徳《しょうとく》天皇）の病を癒《いや》したことから寵愛《ちょうあい》を受ける。勅願によって建立された「西大寺」には、道鏡の思想が大きく反映されたとの見方もある。後に法王にまで登り詰めるが、天皇の座につくことを阻まれ、下野《しもつけ》国に下向を命ぜられた。

平安時代以降さまざまな伝説が流布したため、怪僧・悪僧としての印象が強いが、南都の仏教界が古密教的な色彩を帯びていく大きなきっかけとなった人物である。

コラム

若き空海を導いた者たち

空海が生まれ育った讃岐《さぬき》国は、地理的に国の中心から遠く離れていたものの、空海の一族からは、中央で活躍する優秀な人材を輩出していた。

母方のおじである儒者・阿刀大足《あとのおおたり》は、桓武《かんむ》天皇の皇子・伊予親王の侍講《じこう》を務めた。また、讃岐佐伯《さえき》家が本家としていた名門豪族・佐伯家からは、造東大《ぞうとうだい》寺司《じし》や造長岡宮使《ぞうながおかぐうし》を歴任するなど、聖武《しょうむ》天皇からの信任が厚かった佐伯今毛人《いまえみし》が現れ、政治的な困難をもくぐり抜け、中央政界で重きをなした。

幼い頃から天才の片鱗を発揮し、両親から「貴《とうと》物《もの》」と愛くしまれながら育てられた空海。親たちからの期待も大きく、幼い頃からこうした一族の出世頭たちの栄達を自然と耳にしながら暮らしていたことだろう。

その人物が後に仏道へ進み、偉大な宗教者として、類稀なる「知の巨人」として日本の歴史に大きな足跡をのこしたのだ。影響を与えた先達たちにあらためて注目してみる価値はあるだろう。

佐伯今毛人《さえきのいまえみし》

［719〜790］

延暦七年（七八八）、十五歳の空海が上京したとされるが、その当時の中央の佐伯家の氏長者に当たる人物。聖武天皇から「東の大居士」と呼ばれ敬愛され、造東大寺司長官、造西大寺司長官などを歴任。土木工事の管理を得意とし、長岡京の造営の陣頭指揮をとっていた。半世紀にわたって官人生活を続け、藤原氏全盛の時代に正三位にまでのぼるという、異例の出世を果たした。

平城京には今毛人が兄・真守《まもり》とともに建立した氏寺「佐伯院（香積寺）」があり、空海もここに寄宿して大学寮へ通っていた可能性が高い。

佐伯院の所在地は、現在の奈良市「八軒町東」交差点の一帯だったとされる。たくさんの車が行き交い、寺院の痕跡は一切見られない

阿刀大足《あとのおおたり》

［?〜?］

平安初期の学者。空海の母方のおじに当たる。学識を見込まれて、桓武天皇の皇子・伊予親王の侍講となるなど、高い地位にあった。甥の空海が十五歳で上京し、大学寮へ入学するまでの間、「論語」「孝経」「史伝」などの個人指導を行ったとされる。さらに、ほぼ無名だった空海が遣唐使として入唐を果たした際にも、中央との太いパイプを持つ大足の多大な後押しがあったと考えられる。

空海が二十四歳の時に著した『聾瞽指帰《ろうこしいき》』（後に『三教指帰《さんごうしいき》』と改題）は、儒教・道教・仏教を比較して論じている。この中で大足らしき人物が儒者として登場。当時の空海自身がモデルと思われる仮名乞児に、仏教の優位性を諭されるという役割を演じさせられている。

石上宅嗣《いそのかみのやかつぐ》

［729〜781］

空海の母方・阿刀氏の本家筋の当主。書や漢詩に優れた知識人として知られ、晩年には邸宅を「阿閦寺《あしゅくじ》」として改築。その一角に、日本初の公開図書館「芸亭《うんてい》」を開設した。空海が上京する七年前、天応元年（七八一）に亡くなっているため、直接の面識はない。

天長五年（八二八）に、空海は一般に幅広く門戸を開いた教育機関「綜芸種智院《しゅげいしゅちいん》」を設立した。その際に書いた「綜芸種智院式」の文中に、こうした学校の先駆として吉備真備《きびのまきび》の「二教院」、そして石上宅嗣の「芸亭院」の名前を挙げている。同族の者として、大きな影響を受けていたことは間違いない。

日本最初の公開図書館「芸亭」の伝承地。
奈良市法華寺町の一条高校の東側、国道24号線に面して碑が建てられている

朝野魚養《あさののなかい》

[?〜?]

奈良時代の右大臣・吉備真備の子とされ、奈良市・十輪院を開基した。能書家として知られ、薬師寺の扁額や、奈良国立博物館などが所蔵する「大般若経（魚養経）」を書写したとされる。空海の書の師であったという伝承も遺されている。

十輪院にある「魚養塚（うおかいづか）」は、朝野魚養の墓として伝わる。横穴式の石室が開口していて、奥壁に如来像が浮き彫りされている

空海略年譜

※数え年で表記

774年（宝亀5年）生まれ		※6月15日（不空の入滅の日）
784年（延暦3年）	11歳	11月　長岡京遷都
788年（延暦7年）	15歳	上京し、おじの阿刀大足のもとで学ぶ
791年（延暦10年）	18歳	平城京（または長岡京）の大学寮に入学
		ある沙門から「虚空蔵求聞持法」を授けられ、各地の山林で修行する
793年（延暦12年）	20歳	和泉国槇尾山にて出家（※25歳の説も）
794年（延暦13年）	21歳	12月　平安京遷都
797年（延暦16年）	24歳	『聾瞽指帰』（後に『三教指帰』に改題）を著す
		空白の7年間
804年（延暦23年）	31歳	4月に東大寺戒壇院で得度受戒。遣唐留学僧として5月に難波を出航。8月に入唐する
805年（延暦24年）	32歳	5月に恵果阿闍梨を青龍寺に訪ねる。 8月に伝法阿闍梨位の灌頂を受け、遍照金剛に灌頂名を授かる。 12月に恵果阿闍梨入寂

806年（大同元年）33歳　3月に桓武天皇が崩御。10月に帰国する
809年（大同4年）36歳　嵯峨天皇が即位。7月に入京が許される
810年（弘仁元年）37歳　東大寺別当に就任する
9月　平城太上天皇の変（薬子の変）
813年（弘仁4年）40歳　最澄からの『理趣釈経』借覧の求めを拒絶する
816年（弘仁7年）43歳　高野山を賜る
821年（弘仁12年）48歳　讃岐国満濃池の修復工事を行う
822年（弘仁13年）49歳　東大寺に真言院を創建。国家鎮護の修法を行う
823年（弘仁14年）50歳　嵯峨天皇より東寺を賜る
827年（天長4年）54歳　大僧都に任ぜられる
828年（天長5年）55歳　庶民のための学校「綜芸種智院」を設立。
9月に「大和国益田池碑銘并序」を撰書する
832年（天長9年）59歳　高野山において万灯万華会を修す
834年（承和元年）61歳　5月に弟子たちに遺誡する
835年（承和2年）62歳　1月に後七日御修法を行う。3月21日に高野山にて入定する
921年（延喜21年）　入定から86年後、弘法大師の諡号を賜る

主要参考文献

『空海はいかにして空海となったか』武内孝善／ＫＡＤＯＫＡＷＡ
『空海の風景（上）（下）』司馬遼太郎／中央公論新社
『空海の風景を旅する』ＮＨＫ取材班／中央公論新社
『空海と密教』頼富本宏／ＰＨＰ研究所
『空海入唐』飯島太千雄／日本経済新聞社
『別冊太陽 空海』平凡社
『別冊太陽 東大寺』平凡社
『空海の道 とんぼの本』永坂嘉光、静慈圓／新潮社
『空海の歩いた道』頼富本宏、永坂嘉光／小学館
『空海の足跡』五来重／角川書店
『謎の空海』三田誠広／河出書房新社
『人物叢書 佐伯今毛人』角田文衛／吉川弘文館
『奈良仏教と密教』根本誠二／高志書院
『空海と中国文化』岸田知子／大修館書店
『遣唐使船の時代』遣唐使船再現シンポジウム編／ＫＡＤＯＫＡＷＡ
『桓武天皇と平安京（人をあるく）』井上満朗／吉川弘文館